KB078499

조지 워싱턴

미국의 기틀을 만든 불멸의 리더십

차례

Contents

세계와 미국의 역사를 변화시킨 위대한 인물

변화의 주역으로

가톨릭에서 로마교회는 너무나 중요하다. 교회 건물 지하에 베드로의 무덤이 있기 때문이다. 웨스트민스터 교회는 영국 성공회에서 로마교회와 같은 역할을 하고 있다. 그 지하 무덤에는 어느 주교의 다음과 같은 묘비명이 있다.

> 내가 젊고 자유로워 상상력의 한계가 없을 때,
> 나는 이 세상을 변화시키겠다는 꿈을 가졌다.
> 좀 더 나이가 들고 지혜를 얻었을 때,
> 나는 세상이 변하지 않을 것이라는 것을 알았다.

그래서 시야를 약간 좁혀서

내가 살고 있는 나라를 변화시키겠다고 결심했다.

그러나 그것 역시 불가능한 일이었다.

황혼의 나이가 되었을 때,

나는 마지막 시도로 나와 가까운 내 가족을 변화시키겠다고 마음을 먹었다.

그러나 아무도 달라지지 않았다.

이제 죽음을 맞이하기 위해 누운 자리에서 나는 알았다.

만일 내 자신을 먼저 변화시켰다면,

그것을 보고 내 가족이 변화되었을 것을……

또한 그것에 용기를 얻어 내 나라를 더 좋은 곳으로 바꿀 수 있었을 것을……

그리고 누가 아는가.

세상까지도 변화되었을지도……

주교는 자신을 먼저 변화시키지 못함을 후회하고 있다. 대부분의 사람들은 주교와 같은 후회를 할 것이다. 하지만 주교와 같은 후회를 하지 않아도 되는 사람이 있다. 조지 워싱턴은 자신을 먼저 변화시켰고, 그가 속해 있는 사회와 국가를, 나아가 인류의 역사를 변화시킨 인물이었다.

조지 워싱턴은 일반적으로 버지니아의 귀족 집안에서 태어나 남부럽지 않은 생활을 한 것으로 알려졌지만 사실은 그렇지 않다. '장자 상속제'가 대세였을 때 워싱턴 집안에서 조지는 장자가 아니었다. 장자가 누릴 수 있는 특권이 그에게는 없었다. 영국으로 유학을 가기 위해 준비를 했지만 11살이 되었을 때 갑자기 아버지가 사망함으로써 유학의 기회를 놓쳤다. 성공으로 가는 길인 장자의 특권도, 공부의 기회도 없었던 조지는 이에 대한 보상을 받기 위해 자신을 변화시키기지 않으면 안 되었다.

그는 '18세기 버지니아에서의 성공이란 무엇인가'를 파악하고 성공으로 가는 길을 스스로 찾아 나섰다. 영국인으로 인정받고 지역사회의 존경받는 젠틀맨으로 살아가기 위해 조지는 독서를 통해 부족한 공부를 보충했다. 그는 독학으로 당시 출세 길의 한 방편인 측량 기술을 익혔다. 또한 영국 정규군이 되기 위해 헌신적인 노력을 했다. 조지는 성공의 길을 찾는 과정에서 이복형 로렌스(Lawrence)로부터, 또 페어팩스(Fairfax) 경과 같은 좋은 이웃으로부터 많은 도움을 받았다. 이러한 도움은 그냥 이루어진 것이 아니었다. 그것은 조지의 정직함과 성실함이 가져온 필연적인 것이었다.

성공을 향한 이러한 노력은 스스로에게 어느 정도의 성공을 가져다주었다. 조지는 얼마의 돈을 모아 작은 농장을 사기도 하고, 비록 영국 정규군은 아니지만 버지니아 민병대 장교가 되어 꿈을 펼치고자 했다. 하지만 당시 식민지인에게는 '유리 천장'이 존재하고 있었다. 식민지 출신이라는 이유만으로 조지는 군대에서 계급이 낮은 영국 정규군 장교에게 수모를 당했다. '프랑스-인디언 동맹 전쟁(French and Indian War)'에서 많은 공로를 쌓은 조지는 영국 정규군에 편입되기 위해 두 번이나 신청했으나 거절당했다. 조지는 더 이상 군대에 미련을 두지 않고 단호하게 군을 제대함으로써 자신의 인생을 변화시켰다.

형 로렌스의 죽음으로, 또 버지니아의 돈 많은 과부인 마사 커티스(Martha D. Cutis)와의 결혼으로 조지는 대농장의 주인이 되었다. 대농장의 주인이라는 사실은 당시 버지니아 사회에서 최고로 성공한 경우였다. 하지만 조지는 이에 만족하지 않고 새로운 길을 개척했다. 버지니아 주 하원의원에 출마하여 당선되면서 정치를 시작했다. 또한 조지는 지역의 교구위원으로도 활발한 활동을 하면서 대농장주로, 지역 일에 큰 관심을 가진 능력 있는 정치인으로 성공적인 삶을 살아가고 있었다.

하지만 시대는 변화의 주역을 그냥 두지 않았다. 일련의 전쟁을 마무리한 영국의 조지 3세는 중상주의 정책을 적극 추진하여 아메리카 식민지에 보다 많은 것을 요구했다. 1763년 포고령을 통해 영국은 식민지인이 애팔래치아 산맥 너머로 진출을 하지 못하도록 금지했다. 영국 정부는 1764년의 설탕세법, 1765년의 인지세법, 1767년 타운센드법(Townshend Acts) 등 연이은 세금으로 식민지를 압박했다. 이에 매사추세츠와 버지니아를 중심으로 식민지인들은 “대표 없이는 과세도 없다(No taxation without representation)”라는 주장을 내세워 납세를 거부했을 뿐만 아니라 영국 상품 불매운동을 전개했다. 급진주의자 새뮤얼 애덤스(Samuel Adams)는 ‘자유의 아들들(Sons of Liberty)’을 조직하고 반영 투쟁을 조직화했다. 그는 각종 세금은 식민지 인들의 자연권과 권리를 침해한 것이라고 규탄하고 식민지인 전체의 영국 반대 투쟁을 호소했다.

이에 버지니아 지역 유지인 조지 워싱턴 역시 침묵하지 않았다. 1769년 그는 타운센드법을 비난하고 이는 아메리카인의 자유를 침해했다고 주장했다. 그러면서 워싱턴은 정치인으로서는 처음으로 만약 이 법이 강행될 때 식민지인들은 무기를 드는 저항을 할 수 있을 것이라 말했다. 또한 그는 영국 상품의 수입을 반대하는 것은 식민지의 제조업과 경제적 자립을 자극하는 계기가 될 것이라 생각했다. 워싱턴은 이런 생각을 조직적으로 영국 상품 불매운동을 전개하고 있었던 이웃이자 유명한 정치가인 조지 매이슨(George Mason)과 상의했다. 워싱턴과 매이슨의 적극적인 지지와 발의로 버지니아 주 하원은 4가지 결의안을 통과시켰다. 첫째, 버지니아 하원이 세금을 부과할 수 있는 유일한 권리를 가지고 있다. 둘째, 버지니아인들은 불평과 불만을 해소하기 위해 그들의 주권을 청원할 수 있는 권한을 가지고 있다. 셋째, 범죄자들에 대한 모든 재판을 버지니아 주에서 이루어져야 한다. 넷째, 이렇게 될 때 조지 3세에 대한 충성을 확인한다.[1)]

하는 수 없이 영국은 1770년에 차세만을 남겨 두고 타운센드법을 폐지시켰다. 차세는 인도산 차를 식민지에 팔아 파산 직전에 있는 동인도회사를 구하는 데 필수였다. 또한 이것은 언제라도 영국 정부가 식민지에 세금을 부과할 수 있는 상징으로 남겨 두었다. 그러나 식민지인들은 만족하지 않았다. 3월 5일 보스턴에 모인 식민지 저항자들은 행진을 하고 있는 영국 해병대를 향해 눈덩이를 던지면서 비난했다. 이에 영국군들은 군중을 향해 총을 발포했고 5명이 사망했다. 새뮤얼 애덤스는 이를 '보스턴 대학살(Boston Massacre)'로 과장하여 저항과 독립의 필요성을 역설했다.[2] 1773년 12월에 자유의 아들들은 남아 있는 차세를 무력화시키기 위해 인디언 복장을 하고서 보스턴 항에 정박 중인 영국 상선에 침입하여 선적되어 있는 차를 모두 바다에 던져 버렸다.

이에 영국은 보스턴 항구법, 군대 주둔법을 통과시켜 매사추세츠 식민지를 더욱 압박했다. 그러나 식민지인의 저항은 계속되었다. 버지니아의 워싱턴 역시 보조를 같이했다. 버지니아 주는 알렉산드리아에 모여 조지 매이슨과 워싱턴의 지도 아래 페어팩스 카운티 결의안을 통과시켰다. 워싱턴은 의장이 되어 이 모임을 주도했다.

"첫째, 영국 상품의 수입을 반대한다. 둘째, 보스턴의 저항을 지지한다. 셋째, 대륙회의를 구성하도록 제안한다. 넷째, 노예무역을 종결할 것을 제안한다."[3]

워싱턴은 1774년과 1775년 연이은 대륙회의의 버지니아 대표로 선출되어 활동했다. 1775년 4월 19일 버지니아의 렉싱턴과 콩코드에서 식민지인들과 영국 군인들 간의 최초의 전투가 벌어졌다. 식민지인들은 이 소규모 전투를 두고 '세계에 울려 퍼진 총성'으로 과장하여 표현했다. 제2차 대륙회의에서 워싱턴은 대륙군 총사령관으로 임명되었다. 이 임명에 대해 워싱턴은 자신이 적합하지 않은 인물이라 생각했다. 그러나 당시 식민지에는 워싱턴만큼 군사적 경험을 가진 인물이 없었다. 이 직책을 수행하기에는 모든 것이 부족하고 어려움이 산재해 있지만 워싱턴은 조국의 부름에 기꺼이 부응했다. 그는 "이 영광스러운 대의(glorious cause)를 수행하는 데 내가 가지고 있는 모든 힘을 다할 것"이라 맹세했다. 그러면서 그는 "무보수로 이 일을 할 것"이라고 말했다.[4)]

고향 버지니아에서 농장을 경영하는 농민으로, 지역 일에 봉사하는 지역 정치인으로서의 삶을 살고 있던 워싱턴은 이제 아메리카 식민지인 전체의 운명을 책임지는 위치로 변화했다. 성공할 경우 자유와 자치 정부가 보장되고 워싱턴은 칭송을 받을 수 있지만, 만약 실패를 할 경우 식민지의 운명은 가혹하게 되리라는 것은 쉽게 예상할 수 있다. 워싱턴은 반란군의 수괴로 체포되어 사지가 찢어지는 죽음을 면치 못할 것이었다.

권력의 마수에서 벗어난 유일한 군인

로마의 카이사르, 영국의 크롬웰, 프랑스의 나폴레옹, 스페인의 프랑코, 독일의 히틀러, 우리나라의 박정희·전두환·노태우 등은 정도의 차이는 있지만 국가가 위기에 처해 있을 때 이상적인 혁명을 내걸고 군인으로서의 임무를 다했다. 그러나 하나같이 종국에는 가지고 있는 군사적 힘을 시민 정부에 돌려주지 않고 권력의 마수에서 벗어나지 못한 독재자의 길을 갔다. 오히려 그들은 총칼로 위협하여 정당한 시민 정부를 무너뜨리고 자신의 권력을 영속화하는 데 급급했다.

하지만 군사적 힘을 가진 자로 권력을 스스로 내려놓고 그 권력을 시민들에게 돌려준 인물이 있다. 역사적으로 조지 워싱턴을 전후하여 그를 제외하고는 아무도 없다.

독립전쟁의 총사령관이 되었지만 워싱턴 앞에는 해결해야 할 수많은 어려움이 산재했다. 세계 최강을 자랑하는 영국 정규군을 상대할 식민지군은 민병대 중심으로 이루어진 그야말로 형편없는 군인들이었다. 적은 당장에 공격할 준비가 되어 있었지만 식민지군은 이제 훈련을 통해 제대로 된 군인으로 만들어야 했다. 이에 더하여 식민지군은 식량, 화약, 이불, 신발 등의 물자가 절대적으로 부족했다. 전쟁 동안 수없는 고통과 어려움이 다가왔지만 워싱턴은 특유의 인내심과 성실함으로 전쟁을 이끌었다. 1777년 포지 계곡(Valley Forge)에서의 겨울은 워싱턴이 겪은 최악의 고통이었다. 혹독하게 추운 날씨에 물자가 턱없이 부족했다. 그럼에도 워싱턴은 "비록 지금은 어렵지만 기필코 우리는 독립과 자유와 평화를 원하는 이 전쟁을 승리로 이끌 수 있다"라는 낙관적 신념으로 전쟁을 이끌었다.[5]

1781년 10월 영국군 총사령관 콘월리스(Charles Cornwallis)가 요크타운 전투에서 항복함으로써 기나긴 독립전쟁은 끝이 났다. 전쟁은 끝났지만 영국군은 조약이 채결되는 동안 아메리카 대륙을 떠나지 않고 있었다. 이에 워싱턴 역시 다시 재개될 전쟁에 대비하여 군을 해산하지 않고 유지하고 있어야만 했다. 따라서 전쟁 때와 마찬가지로 식민지군의 어려움은 지속되었다. 약속된 보수를 제때 지급받지 못한 문제와 식량과 옷 등의 물자의 부족은 병사들과 장교들의 불만을 고조시켰다. 이러한 때 몇몇 장교들은 대륙회의가 문제를 해결해 줄 것을 청원했지만 대륙회의는 그럴 수 있는 힘이 없었다. 이에 1782년 5월 워싱턴의 부하 루이스 니콜라(Lewis Nicola) 대령을 중심으로 몇몇의 장교들은 워싱턴에게 몰려와 "아메리카의 왕이 되어 주십시오"라고 간청했다. 어떻게 보면 그들에게 있어서 이 제안은 당연한 것이었다. 당시까지 인간들이 만든 정부 중 최고의 형태가 영국과 같은 입헌 군주제였기 때문이었다. 그러나 워싱턴은 니콜라를 꾸짖으며 다음과 같이 말했다.

> 대령님, 당신으로부터 들은 이 소리는 나에게 엄청난 고통과 놀라움을 주고 있습니다. 이러한 생각이 군대 내에서 거론되고 있다는 것을 안 것이 오랜 전쟁 동안 겪은 그 어떤 고통보다 더 고통스럽습니다. 아직도 전쟁이 계속되고 있는 이 순간에 군대 내에 그런 생각이 있다는 당신의 편지를 보고 나는 비통한 마음을 금할 길이 없습니다. 이것이야말로 나의 나라에서 일어날 수 있는 가장 불행한 사건입니다. 헛되고 헛된 생각을 집어치우시기 바랍니다.[6]

이 대답으로 워싱턴은 인류 역사상 처음으로 그동안 볼 수 없었던 새로운 형태의 정부 탄생의 가능성을 열어 두었다. 바로 자치 독립의 공화국으로 시민 정부가 그것이었다. 이 선택은 워싱턴의 변화 중 가장 위대한 변화라 할 수 있다. 전쟁에서 승리한 군은 막강한 힘과 영향력을 가지고 있었던 반면에 시민 정부는 힘이 없었다. 총사령관으로써 워싱턴은 마음만 먹으면 곧바로 정부를 접수하고 왕이든 황제든 되어 권력을 차지할 수 있었다. 얼마 전 대의를 내걸고 군사적 역량을 발휘한 영국의 크롬웰이 그랬던 것처럼……. 하지만 워싱턴은 그 길을 선택하지 않았다.

시간이 지나면서 크게 할 일이 없었던 군인들은 대륙회의가 기한이 넘은 보수와 약속한 연금을 지불해 주지 않는 것에 불만을 터뜨렸다. 1782년 12월 뉴버그 숙영지에는 익명의 유인물이 유포되었다. 몇몇 장교들은 대륙회의에 청원서를 냈으나 무시되었다. 이에 병사들은 반란을 조직하여 필라델피아로 행진을 하고자 했다. 설마 했지만 장교와 병사들의 쿠데타를 위한 집회 계획을 알았을 때 워싱턴은 1783년 3월 15일 자신이 집회를 소집했다. 워싱턴은 시민 정부에 군사적인 개입을 막아 이 나라가 내란의 위기로 치닫지 않도록 하는 것이 자신의 의무라고 생각했다. 장교들과 병사들이 모인 가운데 워싱턴이 참석했다. 하지만 이전에 존경하고 따랐던 그들의 총사령관을 대하는 눈빛이 아니었다. 그들은 불만과 분노로 워싱턴을 바라보았다. 워싱턴은 준비한 원고를 읽었다.

"혁명 초기 여러분들은 헌신적이었습니다. 그때나 지금이나 나는 여러분들을 너무나 사랑합니다. 지금 여러분의 요구에 대한 조치가 늦어지고 있지만 결국은 정당하게 처리될 것입니다. 홍수와 같은 내란으로 우리 조국을 피로 물들게 하지 마십시오. 언젠가 우리 후손들은 우리들에게 인류를 위해 이룩한 위대한 업적이 무엇이냐고 물을 것입니다. 그러면 그때 우리는 만약 오늘이 없었다면 사람들이 도달할 수 있는 최후의 완벽한 단계를 보지 못했을 것이라고 말해야 할 것입니다."[7]

그럼에도 다수의 장교들은 불만의 모습을 누그러뜨리지 않았다. 워싱턴은 자신의 원고를 더 이상 읽을 수가 없었다. 그래서 그는 당황한 모습으로 호주머니에서 무엇인가를 끄집어냈다. 한 장의 편지와 안경이었다. 대륙회의 한 의원으로부터 온 편지를 읽기 위해 주저하다가 안경을 쓴 워싱턴은 다음과 같이 말했다.

"여러분, 여러분들은 나를 용서해 주시기 바랍니다. 조국을 위해 봉사하는 동안 머리도 희고 이제 눈도 제대로 보이지 않으려고 합니다. 여러분 제가 안경을 쓰는 것을 용서해 주십시오."[8]

워싱턴의 이 소박한 말은 불신과 불만으로 얼어 있던 장교와 병사들의 마음을 달래는 데 충분했다. 장교들은 물론 병사들까지 눈물을 흘렸다. 그들은 다시 한 번 대륙회의에 충성을 맹세했다. 이 사건을 두고 후에 대통령이 된 토마스 제퍼슨(Thomas Jefferson)은 "우리의 독립혁명은 역사상 대부분의 다른 혁명과 달리 단 한사람의 자제심과 덕성에 힘입어 새롭게 건설하려던 자유를 무너뜨리는 것을 막았다"라고 평가했다.[9)]

아메리카 식민지와 영국의 평화조약이 1782년 11월 10일 파리에서 조인되었다. 영국은 이듬해 9월 3일 미국의 독립을 승인했다. 남아 있던 영국군 역시 11월 25일에 뉴욕에서 철수했다. 독립이 성취되었다. 수많은 희생이 없이는 결코 불가능했을 것이었다. 누구보다도 워싱턴의 희생은 컸다. 그러나 그는 이일을 조국을 위한 봉사라고 생각했고 보수나 그 어떤 감사를 바라지 않았다. 그럼에도 미국은 물론이고 전 세계에서 감사와 칭찬이 워싱턴에게 쏟아졌다.

이제 워싱턴은 군인으로서의 임무를 마치고 일반 시민으로 돌아 갈 수가 있었다. 하지만 아직 해결되지 않은 병사들의 봉급과 연금 문제가 있어 워싱턴은 마음이 편치 않았다. 워싱턴은 오랫동안 국가를 위해 군 복부를 한 총사령관의 전역식이라고 하기에는 너무나 초라한 전역식을 치렀다. 뉴욕으로 간 워싱턴은 프론시스의 선술집을 들러 생사를 함께했던 병사들에게 술을 따르며 그들과 일일이 포옹했다. 그는 흐르는 눈물을 참으며 "나는 이후부터 여러분들의 삶이 이전에 영광스럽고 명예스러웠던 것과 같이 번성하고 행복해지기를 진심으로

바랍니다"라고 말했다.[10]

워싱턴은 12월 4일 뉴욕을 떠나 체사피크의 아나폴리스에서 열리고 있는 대륙회의를 찾아가 칼을 반납하고 총사령관직을 사퇴했다. 그리고 아무런 미련 없이 고향 '마운트버넌'으로 돌아갔다. 아내 마사는 9년 만에 집으로 돌아오는 남편을 맞이했다. 칼을 놓고 대신 쟁기와 전지용 칼을 든 워싱턴의 이 행동을 두고 많은 역사가들은 "역사상 가장 중용한 사건 중 하나로" 평가하면서 그를 미국의 킨키나투스(Cincinnatus, 기원전 458년 로마시대 농민인 킨키나투스는 6개월 임기의 독재관으로 임명되었다는 통고에 괭이를 버리고 지휘봉을 잡았다. 그는 단지 15일 만에 국경을 침입한 적을 평정하고 난 후 법적으로 보장된 임기가 남아 있음에도 불구하고 권력을 버리고 다시 밭으로 돌아가 농부의 일상을 시작한 인물이다)로 설명하고 있다.

세계는 워싱턴에 환호했다. 권력과 칭찬을 한 몸에 받고 있던 워싱턴이 사퇴했다는 소식을 전해들은 이전의 적(敵)이었던 조지 3세는 "워싱턴이야말로 이 지구 상에서 가장 위대한 사람"이라고 말했다. 프러시아의 프리드리히 대왕은 워싱턴을 크게 찬양했다. 그는 "유럽의 가장 노장의 장군으로부터 전 세계의 가장 위대한 장군에 이르기까지"라는 문구가 새겨진 검을 선물로 워싱턴에게 보내 왔다.[11]

권력은 유한하고 리더십은 영원한 법이다. '권불십년(權不十年)', '화무십일홍(花無十日紅)'이라고 하지 않았는가. 권력을 행사하는 그 순간은 달콤하지만 그 끝은 쓸개보다 더 쓴 법이다. 권력의 속성을 누구보다 더 잘 알고 있었던 워싱턴은 권력에 스스로를 함몰시키지 않았다. 그는 인간의 자유를 신장시킨 위대한 새 시대의 개척자이자 새 국가의 건설자로 영원한 자리매김을 했다.

인류 최초의 진정한 자유와 민주주의 국가를 창조한 사람

문명이 탄생한 이래로 인간 사회는 지배자와 피지배자로 구분되어 왔다. 이집트 문명, 메소포타미아 문명, 인더스 문명, 황하 문명이 그러했다. 시간이 흘러 고대 그리스 도시국가 아테네의 번성기에 와서야 비로소 인류는 고귀한 민주주의를 맛보았다. 아테네의 위대한 영웅 페리클레스는 민주적 정치 체제를 국가 통치의 근본으로 삼았다. 하지만 아테네 민주 정치는 극도로 협소하여 소수의 아테네 시민에게만 해당되는 경우였다. 아테네에서 시민이 될 수 있는 것은 부모가 모두 아테네 시민으로 성인 남자일 경우만 가능했다. 여러 면에서 부족하지만 인류의 소중한 민주주의의 경험은 아테네의 몰락과 함께 사라져 버렸다. 그리고 역사는 로마와 중세와 근대 국가로 변화를 거듭했지만 인류는 그 어느 곳에서도 민주주의를 경험할 수가 없었다. 아메리카 식민지가 영국의 지배에서 벗어나 인류 최초의 진정한 자유와 민주주의 국가를 창조하기까지……. 조지 워싱턴은 바로 이 일의 주역이었다.

독립전쟁을 '미국 혁명'으로 부르는 이유는 단순히 이 전쟁이 아메리카 식민지가 영국의 지배로부터 벗어난 이상의 그 무엇이 있기 때문이다. 바로 혁명전쟁에서의 승리는 자유와 민주주의의 새 시대의 시작을 의미했다. 새롭게 탄생하고 있는 미국은 지금까지 존재하지 않았던 세계에서 처음이자 유일한 국가였다. 미국 건국의 이념 역시 지금까지 처음이자 유일했다. 모든 인간은 평등하게 창조되었다. 그들은 침해받지 않을 신이 부여한 생명권, 자유권, 재산권을 가지고 있다. 인간의 이러한 권리는 정부가 인정하는 것이 아니다. 그들은 정부는 시민들에게 봉사하기 위해 존재하는 것이지 그 반대는 아니라는 것과 시민은 국가의 우위에 있다는 것을 합의했다.

미국은 이러한 이념 아래 자유가 성장하고 국가가 번영할 수 있도록 튼튼한 구조를 제공하기 위한 새로운 형태의 정부를 필요로 했다. 무거운 짐을 벗은 미국의 킨키나투스는 고향에서의 생활에 만족하고 있었는데, 이 나라는 다시 한 번 그의 봉사를 필요로 했다. 이 나라는 새롭고 자유로운 국가를 만들기 위해서는 자유 이념이 녹아 있는 헌법을 제정해야만 했다. 워싱턴은 '제헌회의(constitutional convention)'에 참석하지 않기를 바랐지만 상황은 그를 그냥 내버려 두지 않았다. 새롭게 탄생한 신생 국가의 리더들 중 워싱턴을 필적하는 사람은 벤저민 프랭클린(Benjamin Franklin) 정도였다. 그러나 그는 81세였고 따라서 워싱턴이 제헌회의에 의장이 될 것은 분명했다. 하지만 워싱턴은 몇 가지 고민에 빠졌다. 다시는 공직을 맡지 않으리라 했는데 제헌회의의 의장직을 수락하면 표리부동하다는 비난을 받을 수도 있었다. 또 만약 참석하지 않는다면 자신이 왕이 되려고 이 회의가 좌절되기를 바라고 있지 않나하는 의심을 받을 수도 있었다. 이전에도 그랬듯이 각 주의 대표들이 자신의 주의 이익만을 위해 노력하여 회의 자체가 무산되지나 않을까 걱정했다. 무엇보다 사랑하는 아내가 다시 공직에 나가는 일을 반대하고 있었다.

이러한 복잡한 고민에도 불구하고 워싱턴은 제헌회의에 참석하기로 했다. 이전에 그랬던 것처럼 그는 자신의 의무와 헌신으로 나라를 안정시키고 자유롭고 민주적인 정부의 탄생을 위해 기꺼이 동의했다. 많은 사람들이 워싱턴이 회의에 참석하지 않을 것이라 믿었는데 그가 회의에 참석한다는 소리를 듣고 기쁨을 감추지 못했다. 버지니아 대표로 참석한 제임스 매디슨은 제퍼슨에게 다음과 같은 편지를 썼다.

> 우리는 사실 나라를 위해 수많은 업적을 이룩한 그분에게 더 이상 희생을 요구할 수 없습니다. 하지만 그 분은 명예로운 은둔 생활을 포기하고, 또 지금까지 쌓은 명예에 흠집이 생갈 수도 있지만 이번 회의에 참석하신다고 합니다. 이것은 그분이 우리 국민들을 얼마나 사랑하고 계시는지를 명백히 보여 주는 것입니다.[12]

각 주마다 유리한 주장을 하여 논란이 없지 않았지만 우여곡절 끝에 1787년 9월에 미합중국 헌법이 탄생했다. 제헌회의에서 워싱턴은 의장으로 회의만 진행시켰을 뿐 수많은 논쟁에 일절 개입하지 않았다. 그러면서도 이러한 논쟁이 새 시대, 새 국가를 탄생시키는 데 너무나 소중한 일임을 느꼈다. 그는 회의에 참석하던 중 다음과 같은 글을 썼다.

> 지금 이 극장에는 지금까지 공연된 그 어떤 연극보다도 더 위대한 아메리카라는 작품이 상연되고 있습니다. 우리들은 모든 시민들이 어떠한 정부 형태가 자신들에게 행복을 가져다 줄 것인지 심사숙고하는 참신하고도 놀라운 장면을 연출하고 있습니다. 우리들은 지금까지 인간들이 만든 어떠한 정부보다 한층 완벽에 가까운 정부를 만들고 있다고 확신하고 있습니다.[13]

새 헌법에 따라 선거인단이 구성되고 1789년 2월 4일 워싱턴은 만장일치로 대통령에 선출되고 4월 30일 취임했다. 미국 최초의 대통령이자 세계 최초의 대통령의 탄생이었다. 이전의 그 어떤 체제와 달리 미국은 국가 최고 권력자가 지배자로 군림하고 권력을 영속화하는 그런 체제가 아니었다. 대통령 역시 한 사람의 국민으로서 자유로운 국민이 주인인 국가를 잠시 책임지는 사람에 불과했다. 국민이 자유롭게 그들의 리더를 뽑을 수 있는 체제의 탄생은 인류 역사상 가장 획기적인 변화 중 하나라 할 수 있다. 선출된 대통령은 국민의 자유를 신장하고 국가가 번영할 수 있도록 최선을 다하였는데 워싱턴은 바로 그런 사람이었다.

국가 체제를 정비하고 국가 재정 문제를 다루면서 주로 국내 문제에 치중한 첫 번째 임기를 마친 워싱턴은 고향으로 돌아가려고 했다. 하지만 제퍼슨과 해밀턴 등의 내각 인사들은 물론 대부분의 국민들이 워싱턴에게 한 번의 임기를 더 해 줄 것을 간절히 부탁했다. 헌법에 기초하여 국가를 다시 잘 조직하고 연방을 결속시키며 외교 문제를 비롯한 새 국가가 직면한 수많은 일들이 다가오는 가운데 워싱턴은 혼자만 벗어날 수가 없었다. 결국 워싱턴은 또 다시 만장일치로 대통령에 당선되어 1793년 3월 4일에 두 번째 임기에 취임했다. 첫 번째 임기와 달리 두 번째는 프랑스 혁명과 연관된 외교 문제에 치중했다.

또 다시 임기 말이 다가오자 이제 많은 사람들이 워싱턴이 종신 대통령이 되기를 종용했다. 이에 워싱턴은 다시는 이런 생각이 나오지 않도록 하기 위해 임기가 끝나기 6개월 전인 1796년 9월에 소위 '고별 연설(Farewell Address)'을 발표하면서 자신의 퇴임을 기정사실화 했다. 워싱턴의 2선 후 퇴임은 이후의 미국 역사에서 하나의 불문율로 정해졌다. 물론 프랭클린 루스벨트 대통령은 대공황과 전쟁기라는 특수 상황으로 4선이 되었지만 루스벨트를 이은 트루먼 재임 시 수정헌법을 통해 이후부터 그 어떤 경우라도 미국 대통령은 2선 이상이 금지되었다.

약점을 극복한 조지 워싱턴

애정 결핍과 보상 심리

워싱턴을 그저 부유하고 보수적인 영국계 버지니아 귀족으로만 생각하는 사람들이 많다. 그들은 워싱턴이 집안의 부를 바탕으로 편안한 생활을 하다가 군인이 되고 대통령이 되었다고 믿고 있다. 하지만 워싱턴은 부유하지도 편안한 생활을 하지도 않았다. 당시 버지니아의 다른 귀족들의 자녀들은 영국은 물론 유럽에 유학하는 것이 일반적이었지만 워싱턴은 그럴 기회가 주어지지 않았다. 워싱턴은 당시 대부분의 다른 귀족들의 자녀들이 누릴 법한 특권을 누리지 못했다. 그는 필요한 모든 것들이 종이나 노예에 의해 제공받을 수 있는 그런 집안의 아이도 아니었다. 말하자면 워싱턴은 은수저를 물고 태어난 특권층의 자녀가 아니었다. 그래서 워싱턴은 일찍부터 성공을 하기 위해서는 스스로 근면하지 않으면 안 된다는 점을 알았고 그렇게 행동했다.

식민지 버지니아 사회는 아버지의 권한이 절대적이었다. 워싱턴 집안도 예외는 아니었다. 기록이 거의 남아 있지 않은 아버지 어거스틴(Augustine)은 가정과 자식에 자상한 그런 아버지가 아니었던 것 같다. 사업상에 나타나 있는 어거스틴의 행적을 보면 불안정하고 일관성이 없으며 말을 자주 바꾸는 사람으로 다른 사람으로부터 종종 고소를 당하기까지 했다고 한다. 그는 자신의 일에 몰두했지만 경제적이든 사회적이든 특별히 인정받을 수 있는 성과를 내지 못했다. 두 명의 아들을 두고 첫째 부인과 사별한 어거스틴은 메리 볼과 재혼을 했고 이들 사이에서 조지 워싱턴이 1732년 2월 11일에 태어났다. 조지는 이들 사이에서 장남이었지만 워싱턴 집안에는 이복형들이 있었다. 따라서 조지는 당시 버지니아 사회에서 일반적으로 인정되고 있었던 장자 상속의 이점을 누릴 수가 없었다. 워싱턴 집안의 장자는 이복형 로렌스였다. 어거스틴은 자신의 일을 하느라 자식들을 돌볼 겨를이 없었다. 그는 집안의 교육코스대로 조지 역시 가정교사와 책을 통해 기초 교육을 시키고 나서 영국에 있는 정식 학교인 애플비 학교(Appleby School)에 보내기로 마음먹고 있었다. 그러나 어거스틴은 1743년 조지가 11살이 되던 해에 예상치 못하게 사망해 버렸다. 아버지의 갑

작스런 죽음은 조지에게서 교육 기회를 빼앗았다.[14]

이와 더불어 냉랭하고 단호한 어머니의 태도는 어린 조지에게서 일종의 '애정 결핍(love deprivation)'을 느끼게 했다. 그녀 역시 3살 때 아버지를, 9살 때 어머니를 여의고 남편 어거스틴을 만나기 전까지 스스로를 돌보지 않으면 안 되는 애정의 결핍 속에서 성장했다. 그녀는 농장주로 어느 정도 성공한 부모의 재산을 돌보면서 이기적이고, 소유욕이 강하고, 독립적인 여성으로 성장했다. 그녀는 사람들에게 예측할 수 없고, 변덕스러운, 한마디로 괄괄한 여자로 평판이 났다. 조지의 또래 친구들은 그녀에 대해 '무서운 분위기와 태도'를 말했다. 남편의 사망 후 그녀는 더더욱 지배적이 되어 갔다. 그녀는 조지의 교육 기회를 반대했을 뿐만 아니라 자신의 목적을 달성하는데 이용했다. 그녀는 강제적으로 조지로 하여금 농장과 동생들을 돌보는 일을 시켰다. 대부분의 다른 어머니와 달리 그녀는 자식의 성공을 달가워하지 않았다. 그녀는 조지의 군사적·정치적·경제적·사회적 성공을 기쁨으로 받아들이지 않고 오히려 자신이 받을 수 있는 관심을 빼앗아 가는 것으로 보았다. 조지가 대통령이 된 1789년에 그녀가 사망하였는데 그때까지도 여전히 그녀는 엄격하고 냉랭했다. 조지는 어머니의 장례식에 참석하지 않았다.[15]

살갑지 않은 아버지와 관계, 갑작스러운 아버지의 죽음, 이로 인한 교육 기회의 박탈, 어머니의 냉랭함, 이와 더불어 장자 상속의 이점이 없는 현실은 어린 조지로 하여금 불행한 가정에서 탈출하여 독립을 하지 않으면 안 된다는 생각을 가지게 했다. 그래서 조지는 비록 이복형이고 나이가 14살이 더 많았지만 로렌스를 잘 따랐다. 영국 정규군 버지니아 연대 장교로 있었던 형이 고향에 돌아올 때면 조지는 형의 제복은 물론 형의 전쟁 이야기에 매료되었다. 부모로부터 애정 결핍을 느꼈던 조지는 형의 세련됨에 더욱 집착했다. 로렌스 역시 성실하고 자신을 잘 따르는 아우 조지를 진심으로 돌봐 주었다. 자연적으로 로렌스는 조지의 좋은 조언자이자 역할 모델, 영웅, 그리고 아버지의 대리인이 되었다.

형 로렌스가 1743년 영국 귀족으로 버지니아의 최고 가문인 벨보아 지역 페어팩스 가문의 앤(Anne)과 결혼을 했다. 이 결혼으로 로렌스는 성공의 두 기둥이라고 할 수 있는 분야에서 두각을 나타냈다. 자신의 능력과 장인 페어팩스의 영향력에 힘입어 로렌스는 아버지 어거스틴이 물려준 토지와 더불어 더 많은 토지를 구입했고, 버지니아 하원(House of Burgesses)의 의원이 되었으며, 버지니아 민병대의 부관참모가 되었다. 이러한 형의 모습은 조지에게 지워지지 않는 인상으로 남게 되었고, 애정결핍을 겪고 있었던 조지는 형을 모방함으로써 일종의 '보상(compensatory behaviors)'을 경험했던 것이다.[16] 그러던 형이 1752년 7월에 결핵으로 사망했다. 조지는 또 한 번의 애정 결핍을 느끼지 않을 수가 없었고 이를 탈출하기 위한 노력에 필사적이었다.

형을 따라 벨보아에 자주 갔던 조지는 윌리엄 페어팩스

(William Fairfax) 대령의 마음을 샀다. 윌리엄은 아들 조지 윌리엄(George William)이 있었지만 그는 소심하고 수동적이고 과묵한 아들을 좋아하지 않았다. 그렇지만 형 로렌스, 조지 윌리엄, 조지 워싱턴의 세 사람은 아주 친한 관계를 유지했다. 조지 윌리엄과 달리 조지 워싱턴은 윌리엄 대령이 좋아하는 성격과 태도를 다 갖추고 있었다. 조지 워싱턴은 성실하고, 적극적이며, 건장했으며, 늘 무엇인가를 할 수 있는 준비가 되어 있었다. 또 조지 워싱턴은 말 타기에 뛰어났을 뿐만 아니라 성공을 위한 야심에 차 있었다. 페어팩스 대령은 이러한 사돈총각을 좋아했고, 그래서 단지 14살에 불과한 워싱턴을 영국 해군에 입대할 수 있도록 추천장을 써 주었던 것이다. 조지 워싱턴은 간절히 원했지만 어머니의 반대로 뜻을 이루지 못했다.

형과 대령의 주선과 자신의 간절한 바람으로 조지 워싱턴은 독학으로 측량 기술을 배웠다. 아무런 경험이 없고 아직 나이가 어리지만 성실한 조지에게 대령은 또 다른 기회를 주었다. 윌리엄 대령은 버지니아와 오하이오의 황무지를 측량하라는 임무를 워싱턴에게 주었던 것이다. 이 일을 너무나 잘 마무리한 워싱턴은 다른 측량 일을 하게 되었고 여기에서 얼마의 돈을 모을 수가 있었다. 조지는 이 돈을 토지를 구입하는 데 투자했다.

그러던 중 조지는 또 다른 의미의 애정 결핍을 경험하게 된다. 자신보다 7살이 많은 윌리엄 대령의 아들 조지 윌리엄이 1748년에 버지니아의 귀족 윌슨 게리(Wilson Gary)의 18살 난

딸 셀리 게리(Sally Gary)와 결혼을 했다. 벨보아에 새 식구가 된 셀리에게 이제 막 16살인 워싱턴이 사랑을 느꼈다. 워싱턴은 그녀에게 추파를 던지고 교태를 부렸지만 그녀는 이에 응하지 않았다. 그 후 버지니아 민병대 군인으로 있을 때는 물론 1758년 마사 커티스와 약혼을 하기까지 워싱턴은 셀리에게 편지를 보냈고 그녀 역시 드문드문 답장을 보냈다. 결혼식을 앞두고 셀리에게 보낸 마지막 편지에서 워싱턴은 "열렬한 사랑의 신봉자"로 그녀에 대한 사랑을 고백했다. 이 편지에 그녀는 답장을 했지만 그 내용이 무엇인지 확인할 수가 없다. 1770년 워싱턴이 군을 제대하여 정치가로서 버지니아의 명사가 되어 있을 당시 셀리는 많이 아팠고 3년 후 남편과 함께 영국으로 가 버렸다. 그 후 그녀는 충실한 영국인으로 살았고 다시는 미국으로 돌아오지 않았다.

애정이 결핍된 집을 탈출하고 형 로렌스를 늘 동경했던 조지는 형과 같이 군인이 되어 성공의 길을 가고자 했다. 로렌스가 죽기 얼마 전인 1752년 초에 조지는 형과 윌리엄 대령의 주선으로 군대에 입대할 수가 있었다. 입대와 동시에 소령 계급장을 단 조지 워싱턴은 형이 사망한 후 주지사 딘위디(Dinwiddie)에 의해 작고 머나먼 남쪽 지역을 책임지게 되었다. 그러나 워싱턴은 윌리엄 대령의 도움으로 곧바로 보직이 변경되어 버지니아의 중요한 지역인 북부 지역을 담당하게 되었다. 1753년 봄에 프랑스가 버지니아 북부 지역인 오하이오 지역을 침범하고 있었다. 이에 영국 정부는 딘위디에게 프랑스에게 침범하지 말 것을 경고하는 경고장을 보내도록 했다. 딘위디는 적당한 전령을 찾았고, 군대에서 승진하고 영국 정규군이 되고자 노력하고 있었던 워싱턴이 자원했다. 그는 지난 시절 이 지역을 측량했던 경험을 살려 이 일을 성공적으로 완수했다. 그러나 프랑스의 침략이 계속되었고 결국은 인디언과 동맹을 맺은 프랑스와 영국과의 전쟁이 벌어졌다. 소위 '프랑스-인디언 동맹 전쟁'으로 알려진 이 전쟁에서 워싱턴은 충실한 영국 군인으로 혁혁한 공을 세웠지만 그가 식민지 출신이라는 이유로 영국 정규군이 될 수가 없었다. 너무나 간절히 원했던 정규군이 되기 위한 몇 번에 걸친 노력에 좌절한 워싱턴은 1758년 12월 군대를 제대하고 고향으로 돌아왔다.

이 당시 조지는 군대에서의 실패와 더불어 적극적이지 않은 연인 셀리로부터 적지 않은 마음의 상처를 입었다. 조지는 이러한 상처에 굴하지 않고 성공을 위한 새로운 길을 모색했다. 지적으로 배우지 못한 것을 보충하기 위해 조지는 독학을 했고 많은 것을 모방했다. 조지는 당시 버지니아인들의 필독서인 『사교와 토론에서 갖추어야 할 행위 규범』과 『젊은이의 친구』와 같은 책을 보고 또 보고, 심지어 공책에 고스란히 옮겨 적기까지 했다. 그는 학문적으로 부족한 지식을 사회적으로 통용되고 있는 실무적인 지식들—교양인으로서의 태도, 말솜씨, 옷차림, 관심사, 음악, 춤, 펜싱, 말 타기 등—을 익히는 데 소홀함이 없었다.

군대를 제대한 조지 워싱턴은 형 로렌스가 추구했던 다른 두 가지 일에 몰두했다. 하나는 토지를 많이 구입하여 대농장주가 되는 것이었고 다른 하나는 정치인이 되는 것이었다. 조지는 1750년과 이듬해에 측량을 통해 번 돈을 토지 구입하는 데 썼다. 20세가 되었을 때 조지는 약 2천 에이커의 주인이 되었다. 1752년 형 로렌스와 1754년 조카 딸 사라가 죽고 형수인 앤이 재혼을 하자 아버지의 유산이 조지에게 주어졌다. 1758년 군대에서 실망한 조지는 이듬해 마사와의 결혼을 통해 절대적으로 많은 토지를 소유하게 되었다. 마사는 토지와 재산이 많은 버지니아의 과부였는데 워싱턴과의 결혼을 사랑으로만 하지 않았다. 많은 역사가들은 두 사람의 결혼을 '사랑'보다 '우정'으로 보고 있다. 워싱턴 스스로도 마사를 사랑보다 '사업 파트너'로 설명하고 있다.[17] 마사 역시 두 명의 자식을 가진 과부로 많은 재산을 효율적으로 관리하는 데는 누군가의 힘 있는 사람의 도움이 필요했던 것이다. 당시 워싱턴은 토지 구입을 통해 버지니아 사회에서 성공의 사닥다리를 타고자 했고 마사는 이 사닥다리를 오르는 데 적절한 파트너가 되었다. 1760년대 중반에 워싱턴은 1만 5천 에이커의 주인으로 대농장 반열에 오르기 시작했다. 워싱턴은 과거 군대에 있을 때의 인맥을 이용하고 정치를 하면서 맺은 인맥을 이용하여 더 많은 토지를 구입했다. 그러나 영국 정부의 중상주의 정책은 워싱턴의 토지 구입에도 방해가 되었는데 이는 워싱턴이 영국 정부에 반기를 들게 되는 이유 중 하나로 작용했다. 워싱턴이 구입한 총 토지는 7만 에이커에 달했고, 오늘날 버지니아, 메릴랜드, 뉴욕, 오하이오, 켄터키의 일부를 걸치는 방대한 지역이었다.

워싱턴이 성공을 위해 추구한 또 다른 길은 정치였다. 그는 결혼 전인 1758년에 버지니아 하원에 출마하지만 실패했다. 결혼 후 1759년에 다시 출마한 그는 당선되었고 1761년, 1765년, 1768년, 1771년, 1774년 연이어 당선되었다. 하지만 의원으로서의 그의 정치 생활은 인상적이지 못했다. 그는 정치에 대한 관심보다 형 로렌스와 같은 사회적 신분을 누리는 데 만족했다. 하지만 각종 부당한 세금을 통한 영국에의 아메리카 식민지에 대한 통제 정책은 워싱턴으로 하여금 정치에 관심을 가지게 만들었다. 특히, 자신의 토지가 영국인들에 의해 침해를 받을 지경에 이르고 각종 세금으로 생산물들로부터 얻을 수 있는 소득이 감소하자 워싱턴은 영국 정부에 반기를 들게 되었다. 1773년 가을 영국의 가혹한 식민 통치에 대한 대책을 위해 모이기로 한 대륙회의에 워싱턴은 버지니아 대표로 당선되었고, 이듬해 제2차 대륙회의에서도 버지니아 대표로 당선되었다. 필라델피아에서 열린 제2차 대륙회의에 워싱턴은 지난날 버지니아 연대에서 입었던 군복을 입고 참석했다. 칼을 차고 의연한 표정으로 참석한 워싱턴이 동료 대표들에게 마치 "이제야 말로 우리가 영국을 상대로 분연히 일어서야할 때"를 말하는 것과 같았다. 대륙군을 창설하자는 의견이 일치되자 대표들은 만장일치로 워싱턴을 총사령관으로 선출했다.

영국으로부터 가장 심한 침략을 받고 있었던 곳은 버지니아가 아니라 매사추세츠였다. 이미 매사추세츠는 영국에 대한 강경한 태도로 독립을 위한 노력을 하고 있었고 버지니아를 비롯한 남부에 위치한 주의 우유부단한 태도에 불만을 가지고 있었다. 매사추세츠 대표 존 애덤스(John Adams)가 식민지 전체의 연합을 고민하고 있을 때 워싱턴은 군복을 입고 등장했다. 워싱턴이 군대 경험을 가지고 있고, 아직 젊고, 또 지역적으로 버지니아 사람이라는 점에서 애덤스는 만족했다. 비록 워싱턴이 지적이지 못하고 군대의 힘으로 힘센 자에 대한 의심을 하지 않은 것은 아니지만 워싱턴만큼 이 일을 완수해 낼 사람이 없었다. 애덤스는 아내 아비게일(Abigail)에게 "워싱턴 대령이 군복을 입고 대륙회의에 나타났어요. 군대에서의 그의 많은 경험과 능력이 우리에게 많은 도움이 되리라 믿습니다. 또한 그는 식민지를 연합시킬 수 있는 큰 이점이 있어요"라는 편지를 보냈다.[18]

세계 최강의 군대를 상대로 승리한 보잘것없는 대륙군

대륙회의 참석한 대표들의 성원에 못 이겨 워싱턴은 총사령관직을 수락했다. 말이 대륙군 총사령관이지 워싱턴은 거의 무에서 출발하는 것과 같았다. 당장이라도 전투를 시작할 수 있는 세계 최강의 군대를 상대하기 위해서 워싱턴은 해결해야 할 너무나 많았다. 그에게는 여러 주로부터 온 훈련받지 못한 자원한 민병대만 있을 뿐이었다. 이들마저도 1775년 12월 31일부로 제대가 예정되어 있었다. 어쨌거나 워싱턴은 먼저 이들을 조직하고 훈련시켜야 했다. 7월 4일 그가 내린 최초의 명령은 군의 기강 확립을 위한 포괄적인 것이었다. 당시 병사들 간에 만연되어 있던 상호간의 악담과 저주, 욕설, 음주를 금지시켰다. 병사들이 야외 변소를 만들지 않고 아무 데나 볼일을 보았기 때문에 악취가 진동하고 건강을 위협하고 있었다. 워싱턴은 하다못해 야외 변소를 만드는 일까지 직접 챙기지 않으면 안 되었다.[19]

워싱턴 군대의 약점은 이뿐만이 아니었다. 그에게는 단 한 대의 대포도 없었다. 그는 공병학 전문가는 물론 경험 있는 하시관이나 장교도 없었다. 단지 36배럴의 화약만 있었고 총알도 턱없이 부족했다. 겨울은 다가왔지만 1만 4천 명에 달하는 병사들은 땅속이나 널빤지로 만든 임시 막사에서 생활해야만 했다. 거기에다 대부분의 병사들은 집을 떠날 때 입은 간단한 셔츠와 겉옷만을 입고 있었다. 담요도 턱없이 부족했다. 당시 워싱턴이 겪은 어려움이 얼마나 심했는지 좀처럼 다른 사람에게 자신의 어려움에 대해 이야기를 하지 않던 워싱턴이 친구인 조셉 리드(Joseph Reed)에게 다음과 같은 편지를 썼다.

> 우리가 얼마나 어려운 곤경 상태에 처해 있는지 아는 사람이 거의 없습니다. 만약 내가 이 직책을 받아들이지 않고 어깨에 총을 메고 단순히 일개 병사가 되었다면, 지금보다

얼마나 많이 행복할까 생각합니다. 만약 내가 후손들과 나의 양심에 거리낌이 없다면, 영국군에게 항복하고, 나는 고향으로 돌아가 오두막집에라도 살고 싶습니다. 하지만 만약 내가 이러한 어려움들을 극복하게 된다면, 그것은 종교적인 힘으로밖에 생각할 수 없습니다. 하나님의 섭리가 그 속에 있을 것입니다. 그것은 적의 눈을 눈멀게 하는 그런 것입니다.[20]

워싱턴은 전쟁 초기의 이런 어려움을 극복하고 민병대를 진정한 미국 독립군으로 거듭나게 했다. 그는 엄격한 훈련을 실시했으며 군인답지 못한 행동을 근절시켰다. 군대 내에서 욕설과 음주를 금지시켰다. 특히 도둑질에 대해서는 군사 재판에 회부하여 공개적으로 태형을 가해 병사들의 기강을 잡아나갔다. 어지러워진 캠프를 정리 정돈하도록 했으며 최상의 위생과 단정한 복장을 유지하도록 권고했다. 부족한 물자를 신속히 제공해 주도록 대륙회의에 편지를 보냈다. 그는 모든 민병대원을 정규 대륙군으로 등록시켜 병사들에게 사기를 진작시켜 주었다.

워싱턴이 이와 같이 군을 정비하는 동안 다행히도 영국군은 공격을 하지 않았다. 그것은 독립전쟁 초기에 미국의 왕당파들이 영국과의 타협을 모색하고 있었고 영국은 반란군의 신사적인 항복을 기다리고 있었기 때문이었다. 사실 초기에 워싱턴 자신도 전쟁보다 타협의 가능성을 완전히 배제하지 않고 있었고, 적어도 1776년 새해가 되기까지는 그러했다. 그러나 기대와는 달리 조지 3세는 러시아인이나 독일인 용병으로 반란군들을 쳐부수겠다고 천명했다. 그는 식민지 아메리카인들이 새로운 독립 제국을 만들겠다는 의도에 분을 삭이지 못했다. 이에 비록 영국인이었지만 미국의 '대의'를 이끌어나간 토마스 페인(Thomas Paine)이 1월에 영국왕의 부당성과 미국 독립의 정당성을 밝히는 『상식론』을 발표했다. 페인의 글에 깊은 감명을 받은 워싱턴은 1월 31일에 글을 통해 독립의 필요성을 명백히 했다. 그는 "그 어떤 것도 폭군과 그의 극악무도한 정부를 만족시킬 수 없다면 우리는 단연코 이러한 부도덕하고 사악한 국가와는 모든 관계를 단절하겠다"라는 내용을 영국 정부와 대륙회의 보냈다.[21]

군을 정비한 워싱턴은 보스턴에 정박해 있는 영국군을 공격할 준비에 들어갔다. 반란군을 느긋하게 바라보고 있었던 영국군은 워싱턴군의 부지런함과 기술에 혼비백산했다. 워싱턴은 단 하룻저녁에 영국군 주둔지를 바로 포격할 수 있는 거리인 도체스터 언덕에 요새를 세웠다. 워싱턴이 이런 일을 할 수 있었던 것은 그동안 전쟁 준비를 꾸준히 해 온 결과이기도 했다. 동이 트고 뒤늦은 시간에 이를 확인한 영국군 장군 윌리엄 하우(William Howe)는 "나의 군 전체가 한 달을 일해도 다 못할 일을 반란군들은 단 하룻저녁에 해치웠다"라고 말했다.[22] 이 일을 기적과도 같다고 말한 어느 장교는 "반란군들은 마치 알라딘의 요술램프 속에 들어 있는 지니(Geni)만큼 신속히 일을 해냈다"라고 말했다.[23] 이 요새로 인하여 영국군은 3월 17일 보스턴을 철수했다. 워싱턴의 많은 사상자를 낼 수 있는 직접 전투를 하지 않고 보스턴을 수복시켰다. 대륙회의로부터 찬사를 받았지만 워싱턴은 의무를 다했을 뿐이며 곧 자유와 평화가 오기를 간절히 원한다고 대답했다. 하우의 군대가 뉴욕으로 입항하자 워싱턴은 그들을 추격해 갔다.

7월 4일에 워싱턴은 대륙회의로부터 '독립선언서(Declaration of Independence)'를 받았다. 그 내용은 다음과 같았다.

> 우리는 다음과 같은 진리를 자명한 것으로 받아들인다. 모든 사람은 평등하게 창조되었다는 것, 그들은 창조주에 의해 양도할 수 없는 일정한 권리가 주어졌다는 것, 이 권리 가운데는 생명, 자유, 행복의 추구가 포함되어 있다는 것, 그리고 이러한 권리를 확보하기 위해 인간은 정부를 수립했으며, 이 정부의 정당한 권력은 국민의 동의로부터 유래하고 있다는 것. 그리고 어떠한 형태의 정부라도 이 목적을 파괴할 때에는 그 정부를 바꾸거나 없애고 자신의 안전과 행복을 가장 잘 이룩할 수 있을 원칙에 기초를 둔 새로운 정부를 조직하는 것은 국민의 권리이다.[24]

독립선언서를 확인하고 난 워싱턴은 병사들에게 큰 소리로 읽어 주면서 "여러분, 믿음과 용기와 희망을 가지고 싸우십시오. 이 나라의 평화와 안전은 하나님의 보호 아래 우리 군이

승리를 하느냐에 달려 있습니다"라고 말했다.[25)]

독립군의 사기는 충천해 있었지만 뉴욕 항에서 영국군은 본국으로부터의 지원에 힘입어 새로운 전략을 구사하고 있었다. 그러나 연말이 되면서 제대 군인수가 늘어나면서 독립군의 수가 영국군에 비해 형편없이 줄어들었다. 후에 워싱턴은 "이 시기가 독립전쟁 중 가장 어려운 시기였다"고 회상했다.[26)] 겨울이 다시 다가와 있고 전투를 할 수 있는 군인의 수가 형편없이 줄어든 어려움에도 워싱턴은 굴하지 않았다. 그는 "우리의 대의의 정의를 믿으며, 비록 현실이 구름 속에 가려 있는 것 같지만 얼마 있지 않아 밝은 날이 올 것이라 확신합니다"라고 낙관적인 태도를 견지했다.[27)]

워싱턴은 낙관적 결과를 위해 뭔가를 해야만 했다. 혹독한 겨울 추위에 워싱턴은 그 누구도 상상도 할 수 없는 일을 추진했다. 그는 델라웨어 강 건너 트렌턴에 주둔하고 있는 영국에 의해 고용된 독일 용병인 헤센인의 주둔지를 기습 공격하기로 마음먹었다. 12월 25일 저녁에 대륙군은 델라웨어 강을 건넜다. 워싱턴은 약 2,400명의 대륙군을 이끌고 차가운 겨울밤을 가르고 얼음을 깨어 가며 강을 건넜다. 또다시 워싱턴은 폭설 속에서 병사들을 이끌고 9마일을 더 행진하여 헤센인을 기습 공격했다. 잠시의 교전 끝에 32명을 사살했고 약 1,000명 이상을 포로로 잡았다. 반면에 대륙군은 행진 당시에 2명이 사망한 것을 제외하고는 사상자가 없었다. 곧바로 '늙은 여우' 워싱턴은 증파된 영국군을 피해 트렌턴을 빠져나와 프린

스턴으로 진격하여 그곳에서 또 다른 승리를 낚아챘다. 이 승리를 두고 프로이센의 프리드리히 대왕은 "역사상 군사적 성과 중 가장 빛나는 성과"로 찬양했다.[28] 영국군 총사령관 콘월리스 역시 나중에 요크타운에서의 패배 후 워싱턴에게 다음과 같이 말했다.

> "이 길고 힘든 전쟁에서 증명된 당신의 뛰어남은 하나의 역사가 되었습니다. 당신은 당신의 명성에 체사피크만보다 델라웨어 강둑에서 가장 큰 월계관을 씌어 주었습니다."[29]

몇 번의 승리와 패배를 주고받는 가운데 1777년의 겨울이 다가왔다. 영국군은 독립운동의 상징 지역인 필라델피아를 점령하고 있었고, 워싱턴은 이곳을 수호하기 위해 근처 포지 계곡에 주둔하고 있었다. 전쟁이 시작된 이후 늘 그랬지만 1777년의 겨울은 독립군들에게 가장 혹독했다. 군수품이 턱없이 부족한 것은 말할 필요가 없었다. 그런데 이번에는 병사들이 먹을 식량도 없어 배를 곯았다. 그들은 낡은 옷에다가 많은 병사가 신발조차 신지 못했다. 또 많은 병사가 아팠다. 그들이 행진을 할 때면 눈 위에 핏자국이 남아 있을 정도였다. 독립군은 혹독한 겨울을 견디고 있었는데, 아주 가까운 거리에 있는 적은 필라델피아 시가 제공할 수 있는 편안함을 즐기고 있었다. 포지 계곡은 기아와 혹독한 추위와 저하된 군의 사기로 독립운동 기간 중 가장 어려운 시기로 여겨지고 있다. 실제로 새로운 보급품이 전달되기 까지 두 달 동안의 궁핍은 혹독했다. 그럼에도 워싱턴은 낙관주의와 하나님에 대한 믿음과 자유의 대의를 강하게 추진해 나갔다. 1777년 12월 17일 워싱턴은 병사들에게 "지금 비록 어렵지만 하나님이 우리 편이고 궁극적으로 우리는 전쟁의 목표인 독립과 자유와 평화를 얻게 될 것입니다"라고 말했다.[30] 비록 포지 계곡 생활이 6개월간 계속되었지만 독립군은 워싱턴의 리더십에 힘입어 새롭게 정비했다. 그동안 독립군은 프로이센의 군사 교관 프리드리히 폰 스토이벤(Friedrich von Steuben)에 의해 새로운 군사 기술을 습득했고 프랑스로부터 많은 군사 지원을 확보하게 되었다. 1778년 6월에 영국은 드디어 필라델피아를 떠나 다시 뉴욕으로 철수했다.

1778년과 1779년은 특별한 전투 없이 서로 간의 탐색전만 계속되었다. 1779년이 되자 영국군은 그동안 자제했던 식민지에 대한 약탈 행위를 자행했다. 재산을 약탈하고, 집과 학교, 가게, 교회를 불태우고 인디언들을 부추겨 식민지인들을 학살하도록 했다. 하지만 영국군의 이러한 행위는 미국인들로 하여금 싸워 승리하고자 하는 의지만 강화시켜 줄 뿐이었다. 노심초사 늘 그랬듯이 워싱턴의 최대 도전은 군대를 유지해 나가는 데 필요한 식량과 물자, 군수품과 돈이었다. 대륙회의는 워싱턴의 요구에 부응할 수가 없었다. 대륙회의 역시 다시 각각의 주 정부에게 손을 벌려야 했기 때문이었다. 이제 워싱턴은 전투를 지휘하는 일 이외에 각 주 정부, 기업인, 상인, 농민, 그리고 도움을 줄 수 있는 모든 미국인들을 찾아다니며 돈과 식량과 군수품을 부탁했다. 그 결과 여러 곳에서 여성 단체들이 형성되어 돈과 옷 등을 기부해 주었다.

그동안 콘웨이(Thomas Conway) 장군의 워싱턴의 총사령관직 축출 음모와 믿었던 부하 베네딕트 아놀드(Benedict Arnold)의 배반 행위가 있었지만 워싱턴은 절망하지 않고 모든 어려움을 극복했다. 워싱턴은 비록 보잘 것 없는 민병대로 출발했지만 자유의 대의와 하나님의 섭리에 힘입어 대륙군이 반드시 승리할 것이라고 확신했다.

1781년 10월 17일 요크타운에서 워싱턴과 콘월리스는 마지막 전투를 준비하고 있었다. 승리를 확신했지만 영국군은 프랑스군과 혹독한 날씨를 생각하지 않았다. 때마침 도착한 프랑스 함대가 영국군 요새에 함포사격을 가하고 후방에서 워싱턴군이 영국군이 도망가는 퇴로를 차단했다. 고요했던 하늘에서 퍼부은 억수 같은 폭우는 콘월리스군을 진퇴양란으로 몰고 갔다. 이날 저녁 콘월리스는 항복했고 전쟁이 종결되었다. 그야말로 보잘 것 없었던 대륙군이 세계 최강의 군대를 상대로 승리를 한 순간이었다. 이 승리의 한가운데 워싱턴이 있었다.

아무도 가 보지 않은 바다의 항해를 준비하며

독립 후 13개 주가 조직한 연합헌장은 곧바로 무능을 들어냈다. 각 주가 특히 재정 정책에 있어서 자기 주에 유리한 정책만을 요구했기 때문에 중앙 정부의 역할을 제대로 할 수가 없었다. 결국 영국으로부터 어렵게 독립한 국가의 운영 원칙을 새롭게 구성하지 않으면 안 되었다. 이를 위해 제헌회의가 구성되었다. 각 주의 대표들은 워싱턴을 의장으로 뽑았고 워싱턴은 의장으로서의 역할을 훌륭하게 수행하여 헌법을 만들었다.

워싱턴은 새로 만들어진 헌법에 의해 만장일치로 대통령이 되었다. 대통령이 되었지만 막상 무엇을 해야 하는가? 인류 역사 이래 자유로운 국민의 손으로 직접 자신들의 리더를 선출하는 제도는 처음이었다. 또 이 제도 아래 만들어진 '대통령직(presidency)'도 처음이었다. 초대 대통령이 된 워싱턴은 아무도 가보지 않은 바다를 성공적으로 항해해야 하는 부담이 있었다.

1775년 워싱턴은 총사령관으로서의 임무는 어려움이 예상되었지만 그럼에도 이전의 경험이 있었다. 또 직접적인 경험이 아니더라도 수많은 전쟁과 전술의 선례가 있었고 승리하는 장군들의 리더십 역시 있었다. 이때는 군사적으로 승리만 하면 되었다. 하지만 이제 모든 것이 처음인 대통령직을 어떻게 해야만 성공할 수 있을까? 취임식을 위해 고향을 떠나오면서 온통 이 생각뿐이었다. 이 키가 큰 버지니아인은 자신 앞에 다가 온 무거운 책임을 직감했다. 대부분의 시민들은 건국 초창기에 이 나라를 잘 이끌어 갈 수 있는 유일한 사람으로 워싱턴을 인정했고 그만이 그럴 힘과 재능을 가지고 있다고 믿었다. 워싱턴은 자신의 길잡이가 되는 것은 이제 막 만들어진 헌법뿐이라고 생각했다. 그래서 그는 "나는 모든 것이 구름과 어둠으로 가득한 곳, 아무도 가보지 않은 곳을 들어가야만 한다고 생각하니 걱정이 태산이다"라고 말했다. 또 취임식을 위해 북쪽으로 여행을 하는 동안 워싱턴은 "내가 지금까지 표현했던 그 어떤 말보다도 더 많은 걱정과 고통을 느낀다"라고 고백했다.[31] 버지니아에 있는 농장에서부터 그가 가는 길마다 환호하는 수많은 군중들이 그들 환영했지만 장군의 마음은 편치 않았다. 워싱턴은 지금 이 일은 모든 역사를 변화시킬지 모른다고 생각했다. 그는 이때의 심정을 취임식에 참석하기 위해 모여든 사람들에게 다음과 같이 말했다.

> 이 성스러운 자유의 횃불이 계속 탈 수 있을지, 미국인들에 의한 공화국 정부가 존속할 수 있는가 하는 위대한 실험이 성공할 수 있을지 걱정입니다. 오랜 역사를 통해 인간은 스스로를 지배할 수 없고 자신의 주인도 될 수 없다고 주장해 왔습니다. 이런 주장은 유럽은 물론 전 세계에서 지배자들에 의해 너무나 당연한 것으로 받아들여져 왔습니다. 만일 이 위대한 실험이 성공한다면 이들의 주장이 잘못되었음을 세상과 자손들에게 보여줄 수 있을 것입니다. 반면, 이 실험이 실패하면 이들의 주장이 옳다는 것을 보여 주는 것입니다. 나의 능력 부족과 잘못된 판단으로 이 실험이 실패하면 그 죄는 너무나 무거울 것입니다.[32]

워싱턴은 아무런 선례도 없고 세계 그 어느 곳에서도 실험해 보지 않은 새롭게 탄생한 정부를 성공적으로 이끌어야 한다는 압력이 너무나 크게 다가왔던 것이다.

1789년 4월 30일 13발의 대포 소리가 뉴욕 시민들을 흔들어 깨웠다. 연이어 터지는 대포 소리가 새벽을 뒤흔들었다. 이 대포 소리를 들은 대부분의 사람들은 이것이 경의를 표하는 것임을 이해했고 모두가 기쁜 마음으로 환영했다. 이날은 조지 워싱턴이 미국 최초의 대통령에 취임하기 위해 선서를 하기로 한 날이었다. 교회의 종소리가 요란히 울리고 기쁜 마음에 흥분한 뉴욕 시민들이 체리 거리에 있는 워싱턴의 집으로 모여들었을 때 워싱턴은 자신의 일생에서 가장 중요한 일을 할 준비를 했다. 그는 얼굴에 분을 바르고 코네티컷에서 만든 갈색 양복을 차려 입었다. 하얀색 실크로 만든 스타킹을 신고 은으로 만든 버클이 달린 구두를 신었다. 그리고 마지막으로 칼집에 빛나는 칼을 꽂았다.

오후가 되자 여러 의원들이 워싱턴을 임시 정부 청사로 쓰고 있는 연방 건물로 안내하기 위해 체리 거리에 도착했다. 이제 미국은 민주주의의 위대한 실험을 막 시작하려는 준비를 마쳤다. 많은 군중들이 큰 마차에 오르는 장군을 지켜보았다. 장군이 탄 마차는 좋은 말 네 마리가 끌었다. 군중들이 그를 좀 더 가까이에서 보기 위해 다가섰고 밴드가 애국적인 분위기를 내는 음악을 연주했다. 연방 건물 외부에는 민병대들이 경계를 섰다. 워싱턴은 마차에서 나와 기둥이 즐비하고 계단

이 있는 그 건물 안으로 걸어 들어갔다.

부통령이 된 존 애덤스가 워싱턴에게 다가와 다음과 같이 말했다. "각하, 연방 상원과 연방 하원은 헌법이 요구하는 맹세를 한 당신을 기다리고 있습니다." 이에 워싱턴은 "나는 그럴 준비가 다 되었습니다"라고 대답했다. 애덤스는 거리와 광장이 내려다보이는 작은 발코니로 난 길로 워싱턴을 안내했다. 워싱턴이 군중 앞으로 다가서자 거대한 환영의 소리가 울려 퍼졌다. 건물 아래까지 환호하는 국민들이 거리를 가득 매웠다. 국민들은 건너편 빌딩 지붕에도 창문에도 가득가득했다. 워싱턴은 고개를 숙여 여러 번 인사를 하고 가슴에 손을 대고 감사를 표했다. 뉴욕 재판소장인 로버트 리빙스턴(Robert R. Livingston)이 한 발짝 앞으로 나와 워싱턴과 마주했다. 두 사람 사이에서 상원 의장 새뮤얼 오티스가 붉은색 벨벳 쿠션 위에 올려놓았다.

워싱턴이 오른손을 성경 위에 올려놓자 리빙스턴은 다음과 같이 물었다. "당신은 성실하게 미국의 대통령직을 수행하고 당신의 능력을 다해 미국의 헌법을 보존하고, 보호하고, 지킬 것을 엄숙히 맹세합니까?" 이에 워싱턴은 리빙스턴이 언급한 말을 반복하며 "나는 엄숙히 맹세합니다"라고 대답했다. 그리고 마지막에 그는 "하나님이 나를 도와주시기를"이라고 말하고 고개를 숙여 성경에 입을 맞추었다. 건물 아래에 모여 있는 군중들을 향해 리빙스턴이 말했다. "이제 다 되었습니다. 미국 대통령, 조지 워싱턴 만세!"라고 외쳤다.

사람들도 엄청난 환호와 함께 만세를 외쳤다. 미국의 국기가 연방 건물을 꼭대기에 게양되자 거리거리마다 환호의 소리는 더 높아졌다. 항구에 정박해 있는 함선에서도 연속적으로 축포를 쏘았다. 그 도시의 교회의 종소리는 다른 소리로 인하여 오히려 작게 들렸다.

미국 최초의 대통령이 연방 상원을 들어가면서 여러 번 인사를 했다. 대통령이 되어 그가 의회에서 취임 연설을 해야 하는 것이 의무였다. 미리 준비한 원고를 이 손에서 저 손으로 옮기는 모습의 워싱턴이 감정에 동요되는 모습이었다. 그의 목소리가 너무 작아 소리를 듣기 위해서 의원들이 허리를 앞쪽으로 숙여야만 했다. 상원의원 윌리엄 매클레이(William Maclay)는 "이 위대한 사람이 이전에 대포와 총 앞에서 보여 주었던 그 어떤 모습 보다 더욱 동요하고 당황했다. 그는 떨었고 원고를 읽으면서 여러 번 더듬거렸다"라고 말했다.[33]

취임 연설에서 워싱턴은 미국 국민들은 그들 스스로가 결정한 정부 아래에서 '자유와 행복'을 추구할 것을 주문했다. 워싱턴이 사용한 정직한 말의 힘이 그곳에 있는 많은 사람들에게 눈물 나는 감동을 주었다. 취임 행사를 뒤이어 워싱턴은 브로드웨이를 걸어 올라가 성 바울 교회에서 열리는 예배에 참석했다. 그 도중에 수많은 군중들을 지나면서 그들과 민병대원들에게 인사를 했다. 저녁에 그는 시 전체가 축하를 하고 있는 모습을 지켜보았다. 축하 행렬이 연이어 거리를 지나갔다. 큰 횃불이 번쩍였고 형형색색의 불꽃이 하늘을 물들였다.

이렇게 보여 주는 자긍심과 사랑에 감동을 받은 워싱턴은 한편으로 너무나 무거운 짐을 지는 것이라 생각했다. 그는 친구에게 다음과 같은 편지를 썼다. "나는 우리 국민들이 나에게 너무나 많은 것을 기대하는 것 같아 정말 두렵다."[34]

미국 국민들이 조지 워싱턴에게 강한 믿음을 가지고 있었던 것은 사실이다. 그러나 그보다 그들의 희망과 꿈을 잘 채워 줄 수 있는 사람은 아무도 없었다. 미국 혁명의 상징으로서 워싱턴은 국가를 자유를 향한 반석의 길로 이끌어 왔다. 이제 대통령으로서 그는 미국이 보다 위대한 길로의 여행을 시작하도록 해야 한다는 것을 알고 있었다. 그리고 국민들은 워싱턴을 그들의 리더로 받아들였다. 역사가 데이비드 매클라프(David McCullough)는 2006년 유타 주의 '브리검 영' 대학 특강에서 다음과 같이 말했다.

> 워싱턴은 애덤스, 제퍼슨, 프랭클린, 해밀턴과 같은 배운 사람이 아니었다. 그는 지식인도 아니었다. 또한 그는 버지니아의 친구 패트릭 헨리(Patrick Henry)와 같이 뛰어난 연설가도 아니었다. 워싱턴은 무엇보다도 리더였다. 그는 사람들이 따른 리더였다.[35]

조지 워싱턴의 위대한 업적

새로운 집을 만들고 현명한 자를 모이게 하다

왕이나 군주가 주인이던 시대와 세계에서, 워싱턴은 국민들에 의해 선출된 지구 상 최초의 공화국의 최고 리더였다. 단지 이것만으로도 시대의 변화를 주도하는 엄청난 도전이었다. 새로운 헌법 아래 초대 대통령으로서 워싱턴은 자신이 하지 않으면 안 되는 운명 같은 일이 앞에 놓여 있음을 직감했다. 대통령 워싱턴이 한 최초의 위대한 업적은 행정부를 가장 합리적으로 조직하는 일이었다. 이어 각 행정부의 수장이 될 가장 현명하고 적합한 장관을 인선하고 하부 공무원을 임명하는 일도 대통령의 일이었다. 또한 헌법이 명시하고 있는 명확한 3

권 분립의 원칙에 입각하여 입법부 및 사법부와의 국정의 관련성을 정립하는 일은 물론, 새로운 정부와 국민 간의 관련성을 정립하고 진전시키는 일 역시 워싱턴의 몫이었다.

새로운 국가의 초대 대통령으로 워싱턴은 자신이 행하는 모든 행위가 미래를 위한 선례가 된다는 것을 인식했다. 워싱턴의 핵심 목표는 강한 국민 정부의 구성과 통일된 연방의 유지에 있었다. 그는 이런 목표가 국가의 번영과 평화를 가져다준다고 믿었다. 그는 또한 외교 정책은 '불간섭의 원칙(noninterventionalism)'을 기조로 실천했으며, 초대 재무장관인 알렉산더 해밀턴(Alexander Hamilton)의 경제 계획이 이러한 목표를 달성해 준다고 생각했다. 비록 그는 단순히 의회의 협의 사안을 집행하거나 혹은 자신의 핵심 보좌관들의 합의를 본 정책을 수행하는 온화한 행정가로서의 입장을 취했지만 워싱턴은 미래의 모범이 되는 행정부를 입안하고 구성한 선구자였다.

워싱턴이 대통령이 되었을 때 대통령직에 대한 그 어떤 행정적인 구조도 없었다. 그는 이에 대한 전체적인 구조를 작성해야만 했다. 이 일을 위해 그는 철저한 준비를 했다. 워싱턴은 비록 미국과 같이 자유로운 국민들이 구성한 국가는 아니지만 영국과 프랑스의 정부 구조를 참조했다. 이것에 대한 장단점을 면밀히 검토하고 무엇을 할 것인가를 결정했다. 그러고 나서 그는 왕성한 의욕과 끈기로 이를 실천했다. 그는 외교 업무를 담당하는 부서로 국무부, 국가 경제와 재정을 담당하는 부서로 재무부, 국방과 군사 업무를 담당하는 전쟁부, 법과 관련한 문제를 다루는 법무부로 행정부를 구성했다.

새롭게 만들어진 행정부 직위를 채우는 일도 워싱턴의 몫이었다. 워싱턴의 인사 기준 역시 지금까지의 나라들에서 볼 수 없는 혁신적인 것이었다. 워싱턴은 인종, 종교, 사상, 지연, 혈연, 학연, 정치적 보상, 친구 등의 기준은 고려의 대상으로 삼지 않았다. 그의 기준은 제시한 국가 목표—강한 국민 정부의 구성과 통일된 연방 유지—를 달성하는 데 필요한 능력이었다. 이렇게 임명된 사람들로부터 다양한 정치적 견해가 제시되었다. 이들 중 가장 핵심 직책에 두 사람이 임명되었다. 이들은 후에 각각 새롭게 탄생한 국가에서 구성된 최초의 중요한 정당 조직의 지도자가 되었다. 하나는 재무장관으로, 워싱턴은 뛰어난 재능을 가진 알렉산더 해밀턴을 임명했다. 해밀턴은 연방파(federalists)의 지도자가 되었고 워싱턴이 국내 정책을 펼치는 데 있어 가장 가까운 보좌관이었다. 다른 하나는 국무장관으로, 워싱턴은 해밀턴과 똑같이 뛰어난 재능을 지닌 토머스 제퍼슨을 임명했다. 제퍼슨은 공화파(republicans)로 알려진 반연방파(anti-federalists)의 리더가 되었다. 워싱턴은 전쟁장관에 그의 오랜 친구이자 장군인 헨리 녹스(Henry Knox)를 임명했다. 정치에 대한 녹스의 실제적 지식과 군사적 경험으로 고려할 때 녹스의 전쟁장관 임명은 너무나 적절했다. 이 세 개의 부서가 의회에 의해 만들어진 행정부서의 핵심을 이루었다. 또 다른 핵심부서의 장관인 법무장관과 함께 이들은 대통령의 내각에서 공식적이건 비공식적이건 가장 중요하고 핵심적인 일을 담당했다. 워싱턴은 법무장관에 전 버지니아 주지사이자 당시 제헌회의 의원이었던 에드문트 랜돌프(Edmund Randolph)를 임명했다. 이러한 인적 구성은 한 번도 가 보지 않은 바다로 여행을 출발하는 새로운 정부를 이끌어 가는 데 강력한 인적 구성이었다.

행정부를 조직하는 데 있어 워싱턴은 내각의 직책을 만들고 그 직책에 적합한 인사를 하고 각 내각 구성원들 간의 관련 업무를 부과했다. 워싱턴은 이 일을 원활하고 성공적으로 이끌기 위해서는 필요한 재정을 확보하는 방안을 찾아야만 했다. 이 일을 위해 워싱턴은 주로 재무장관인 해밀턴의 충고를 따랐다. 해밀턴의 재정 정책은 연방 정부가 중심이 되는 것이었다. 연방 정부가 주체가 되어 외국 부채와 국내의 부채를 액면가 그대로 상환하고 각 주에서 짊어지고 있는 전쟁 부채를 상환한다는 내용이었다. 이와 동시에 해밀턴은 이러한 상환을 위한 자금 확보를 위해 채권을 발행하는 정책을 제안했고 워싱턴은 이에 따랐다. 이러한 채권에 대한 상환과 새로 탄생한 정부 관리의 급료와 또 다른 국정 비용에 들어갈 많은 돈이 필요했다. 해밀턴은 필요한 자금을 확보하기 위해 공공용지를 판매하고, 수입 물품에 대한 관세를 부과하며, 위스키와 같은 생산품에 대한 '물품세(excise tax)'를 부과하는 정책을 제안했다. 해밀턴은 역시 중앙은행을 만들어 연방 정부의 자금을 보관하고, 투자를 하며, 지폐를 발행할 것을 제안했다. 해밀턴의 이러한 제안들 중 몇몇은 많은 논쟁—특히 주 중심의 국가를 운영하려고 한 국무장관 제퍼슨의 심한 반대에 부딪혔다—을 불러 일으켰지만 대통령 워싱턴이 이러한 정책이 새로운 국가의 경제적 안정을 위해 필요한 것들이라는 것을 확신하고 지지하여 의회의 승인을 받아 냈다.

워싱턴은 의회의 승인을 필요로 하는 행정부의 관리를 선발하고 임명할 수 있는 권한을 확립했다. 또한 그는 만약 임명한 관리들이 자리에 어울리지 않는다면 의회의 승인이 없이도 그들을 해고할 수 있는 권한도 확립했다. 여러 가지 원인으로 워싱턴 내각의 각료들은 그의 두 번에 걸친 임기 동안 내내 같이 일을 한 사람은 아무도 없었다. 서로 다른 정치 세력의 리더인 해밀턴과 제퍼슨은 워싱턴 행정부 내에서 조화롭게 일을 해 가지 못했다. 워싱턴 행정부의 내각에는 연방파 뿐만 아니라 반연방파 인사들이 함께 있었다. 워싱턴은 새로운 정부는 정치 세력별 파벌주의보다 통일된 상태를 유지해야 한다고 믿고 이를 유지했다. 워싱턴은 역시 임명된 인사들이 높은 수준의 행동거지를 유지하도록 했다. 워싱턴은 프랑스 주재 미국 공사로 있으면서 언론에서 위법 행위로 인하여 고발을 당한 제임스 먼로(James Monroe)를 본국으로 소환했다. 또한 워싱턴은 반역죄로 비판을 받고 있었던 법무장관 랜돌프를 사임시켰다.

워싱턴은 초창기 정치 세력 사이에서 갈등이 생겨나자 초기에 개인적으로 각 내각의 인사들과 의논하는 것을 지양하고 공식적인 내각 모임을 주도했다. 이러한 정책은 구성원 간의 합의를 통한 의사 결정을 이끌어 내 궁극적으로 불협화음을 최대한으로 줄였다. 사실 워싱턴은 정당이 형성되기 전에 만장일치로 대통령에 선출되었다. 그러나 결국은 정치 세력별 당파주의가 각각의 파당을 형성하게 되었을 때 워싱턴은 해밀턴이 이끄는 세력과 그 세력의 노선을 선호했다. 이때 워싱턴은 의회에서 연방파의 압도적인 지지를 받았다. 그는 역시 국내 프로그램을 실천하기 위한 법안을 통과시키는 데 있어 반연방파의 지지와 협력도 충분히 받았다. 워싱턴이 받고 있던 당시의 평판과 그의 지위가 반대적인 요소를 충분히 극복할 수 있게 해 주었다. 의회는 외교 문제를 놓고도 분리되었다. 연방파는 친영적이었고, 공화파는 친프랑스적이었다. 제퍼슨이 주도하는 정치 세력은 처음에 반연방파로 불려졌다. 후에 제퍼슨의 지지자들은 이를 연방-공화파(federal-republicans)로 불렀고, 그 후에 민주-공화파(democratic-republicans), 혹은 단순히 공화파(republicans)로 불렀다. 한참 시간이 흐르고 앤드류 잭슨(Andrew Jackson)이 당을 재정비했을 때 이것이 비로소 민주당(Democratics)이 되었다.

1790년의 중간선거 이후 반연방파 혹은 공화파는 하원에서 다수당을 차지하고 있었다. 그러나 상원에서는 3석에서 5석 정도로 연방파에 뒤져 있었다. 이것으로 워싱턴은 철저한 반대를 일으켰던 '제이 조약(Jay Treaty)'에 대해 상원의 비준을 받는데 필요한 3분 2의 찬성을 얻을 수가 있었다. 제이 조약은 사실상 신생 공화국의 안정보장을 확립하는 데 있어 상당히 중요한 역할을 했다.

워싱턴은 의회와 관계도 너무나 원활하게 유지했다. 그는 대통령으로서의 자신의 일은 의회의 결정에 대해 권고를 하고 이를 집행하는 것으로 보았다. 워싱턴은 행정 각 부서 공무원들의 일에 대해 헌법적으로 위임된 감독을 했다.

초대 대통령으로서 워싱턴은 연방 법원을 만들고 연방 판사들을 임명해야 할 일도 있었다. 그는 연방 법원을 건실하고 지속적인 개념으로 조직했으며 능력과 자격을 갖춘 인물들을 연방 판사로 임명했다. 그는 뛰어난 정치가일 뿐만 아니라 인기가 없는 의사결정도 추진할 수 있는 용기를 가진 존 제이(John Jay)를 미국 초대 대법원장에 임명했다. 워싱턴이 임명한 다른 연방 판사들 역시 뛰어난 재능을 가진 사람들이었다. 그들이 연방 법원을 효과적으로 운영함으로써 법원의 명예를 신장시켰다.

워싱턴은 국민들에게 너무나 존경을 받은 나머지 이러한 존경은 좀처럼 사라질 것 같지 않아 보인다. 워싱턴은 총사령관으로 영국군을 물리치고 미국을 독립시켰을 때 스스로는 물론 부하들에 의해 추대되어 왕이 될 수가 있었다. 나아가 그는 독재 권력과 거의 유사한 종신 대통령이 될 수 있었다. 그러나 그는 새롭게 탄생한 공화국의 대통령으로 무한 권력이 아닌 제한된 권한을 선택했다. 워싱턴은 대통령이란 자리는 영원한 것이 아니라 대통령을 하고 있는 동안 헌법과 국민이 부여한 제한된 권한을 행사하여 국가와 국민을 위해 잠시 봉사하는 자리라고 생각하고 그렇게 행동했다. 워싱턴은 항상 일반 국민들의 이익을 우선으로 삼았다. 그는 항상 국가를 위해 최선이라고 생각되는 일을 했다. 소수의 사람들은 워싱턴의 정책은 금융적이고 상업적인 이익집단에 호의적이라고 비판하고 있다. 하지만 워싱턴은 이러한 일은 모든 국민들에게 최고의 이익을 가져다주는 것이라고 생각했다.

철저한 등거리 외교로 신생 독립국의 국제적 위상을 정립하다

이제 막 독립한 국가의 국제적 위상은 유럽의 강대국들에 비해 바람 앞의 등불과도 같았다. 워싱턴은 미국의 국제적 지위를 누구보다도 잘 알고 있었다. 워싱턴은 신생 독립국이 발전하기 위해서는 무엇보다도 전쟁이 없는 평화 상태가 유지되어야 한다는 점을 직감했다. 강대국들 사이에서 미국의 입장은 무엇을 선택해야만 하는가? 제퍼슨을 비롯한 친프랑스 세력이 주장하는 바와 같이 지난 독립전쟁 때 혁명전쟁을 도와준 프랑스를 지지해야 하는가? 아니면 새로운 정부 내에 존재하는 다수의 친영 세력들의 주장에 따라 영국을 지지해야 하는가?

워싱턴이 대통령에 취임한 1789년에 프랑스에는 혁명이 일어났다. 혁명이 진행되면서 1793년 프랑스가 영국, 스페인, 네덜란드 등과 교전 상태에 들어갔을 때 워싱턴은 엄격한 중립을 지켜 나갔다. 의회가 의결하고 워싱턴이 서명한 중립 선언은 1778년 영국을 상대로 한참 독립전쟁을 벌이고 있던 중에 이루어진 프랑스와의 군사적 조약인 프랑스와 미국의 조약(Franco-American Treaty)을 무효로 했으며 미국으로 하여금 중립 상태로 남아 있도록 해 주었다. 그 이후 워싱턴은 그 어떤 유럽의 전쟁에도 개입하지 않았다. 워싱턴은 줄곧 다른 나라를 상대로 미국의 군사력과 군사력의 위협을 단 한 번도 가하지 않았다. 친프랑스 세력의 거두인 제퍼슨이 거듭된 미국의 프랑스 지지 촉구에도 불구하고 외교 문제 있어서 워싱턴의 판단은 중립 정책이었다.

워싱턴 행정부 동안 외교에 관한 국가의 주요 관심은 가능한 동맹 관계를 피하고 중립 정책을 유지하는 데 맞추어져 있었다. 물론 당시에는 평화 상태를 유지하기 위한 국제기구가 없었다. 또한 남·북아메리카 대륙에 있는 미국의 이웃 나라들은 아직 유럽 강대국의 식민지 상태로 남아 있었다. 이런 상황에서 워싱턴은 가능한 영국, 프랑스, 스페인과의 중립적 외교 관계를 유지하려고 노력했다. 이 세 나라와의 관계에서 일어난 여러 문제들은 워싱턴 행정부의 외교적 노력에 의해 해결되었다.

새로운 주미 프랑스 대사인 에드먼드 제넷(Edmond Genet)은 미국을 프랑스 편으로 끌어들이려고 했다. 제넷은 외교관으로서의 권한을 넘은 행위를 서슴지 않았다. 그는 미국의 여러 항구에 전함을 출정시켜 이들로 하여금 영국을 상대로 전투를 하도록 종용했다. 그러나 워싱턴은 제넷이 미국의 중립 정책을 위험에 처하게 한다는 이유를 들어 프랑스 정부에 제닛을 소환해 줄 것을 요구했다. 제닛은 곧바로 대사직에서 물러났지만 미국에 머물러 있어도 좋다는 허락을 받았다. 미국의 중립 정책은 유지되었고 워싱턴은 프랑스와의 많은 다른 문제를 성공적으로 처리해 나갔다.

1790년대 초에 미국은 여러 가지 이유로 인하여 영국과의 관계가 악화되었다. 영국의 전함들이 프랑스에 식량을 수출하는 미국의 상선을 추적하여 수화물들을 몰수하는 일이 발생했다. 영국인들은 때때로 미국의 선원들을 포로로 잡아 영국 해군에서 억류하곤 했다. 미국인들은 서부 변경 지역에서 인디언들의 반란을 조장하는 영국인들을 비난했다. 또한 미국인들은 이미 1783년에 함락된 항구를 포기하지 않으려고 하는 영국인들을 비난했다. 워싱턴은 1794년 미국 내 이러한 불평과 불만을 없애고 영국과의 협상을 이끌어 내기 위해 존 제이를 런던에 파견했다. 소위 제이 조약은 영국인들에게 변경 지역 항구를 포기할 것을 요구했고, 미국과 영국 사이의 무역을 계속 유지할 것을 보증했다. 그러나 이것은 영국이 미국의 상선을 나포하여 선언들을 억류하는 일을 중단해야 한다는 내용이 포함되지 않았다. 따라서 제퍼슨을 비롯한 반연방파들은 강한 반대를 했지만 궁극적으로 이 조약은 20대 10으로 상원을 통과했다. 그 후 영국과의 평화가 유지되었다.

스페인과의 갈등은 플로리다와 미시시피 강 어귀의 소유 문제를 둘러싼 논쟁이 핵심이었다. 미국의 이익을 위해 토머스 핑크니(Thomas Pinckney)가 '샌 로렌조 조약(Treaty of San Lorenzo)'을 협상했다. 이 조약에서 스페인은 미국의 남방 한계선을 위도 31도선으로 인정했다. 또한 뉴올리언스에서 미국인들이 자신들의 상품을 면세로 판매할 수 있다는 것을 명시했다. 이 조약을 통해 미국과 스페인은 미시시피 강을 자유롭게 사용할 수 있게 되었다.

워싱턴은 그 외에 미국의 포로들을 석방하고 미국의 상선을 괴롭히는 것을 중단시키기 위해 바르바리(Barbary) 해적과의 협상을 채결했다. 협상 조건으로 워싱턴은 80만 달러의 보석금을 지불하고 여기에 감사의 돈으로 연간 2만 4천 달러를 주기로 합의를 했다. 이 행동은 비록 미국의 포로들을 석방시키기는 했지만 해적들에게 조공 성격의 감사의 돈을 지불한 것은 나쁜 선례가 되었다.

워싱턴은 유럽의 무역 중추 세력들과 자유 무역을 확립하기를 원했다. 비록 1792년 관세는 미국의 섬유와 철강 제품에 대한 보호를 해 주었지만 이것은 하나의 보호관세라기보다 국고의 세입을 올리는 방안으로 보는 것이 타당하다. 이때의 낮은 관세율은 세계 무역을 촉진시켜 주었다. 이는 워싱턴의 국내 경제 정책에서도 마찬가지였다. 연방 정부 중심의 국가 부채의 삭감은 새로운 국가의 평판과 신용을 향상시켜 주었다. 해밀턴이 추진하고 워싱턴이 지원한 국립은행은 정부에 대한 확신을 회복시켜 주었다. 제이조약과 샌 로렌조 조약은 세계 무역 발전에 이바지했고 미국의 평화와 번영을 촉진시키는 역할을 했다.

워싱턴은 미국이 유럽의 강대국들에 의해 존경받을 수 있는 강한 국민 정부를 수립하는 데 목표를 두었다. 워싱턴은 자유로운 국가의 국민들은 스스로를 위해 행동하는 것을 원칙으로 삼고 있지 다른 사람을 위해 행동하지 않는다는 점을 미국 국민에게는 물론 유럽인들에게도 인식시켰다. 그는 외교 문제에 있어 일관성 있는 중립 정책과 불간섭 정책을 유지해 나가 어떠한 외국 세력에 대해서도 적대감을 가지고 있지 않다는 것을 입증해 보였다. 워싱턴의 이 정책으로 그가 대통령으로 있었던 8년 동안의 미국은 외부로부터 큰 위협을 받거나 그들의 침략에 의해 사라지지 않는 발전이 보장된 국가로 인식되었다.

신생 공화국의 초대 대통령으로 워싱턴은 미지의 세계를 개척해 가며 항해를 해나가 미국을 강력하고, 평화를 사랑하며, 공정하고, 그리고 세계 각 지역의 국가들이 의존할 수 있는 건실한 국가로 건설하는 데 결정적 효력을 낳은 외교 정책을 성공적으로 추구했다. 영국과 맺은 제이조약, 스페인과 맺은 샌 로렌조 조약, 그리고 북서부 인디언들과 맺은 조약 등은 모두 1795년에 완전 채결되었다. 이러한 조약들은 신생 공화국의 안전보장을 확립하는 데 너무나 중요한 역할을 했다. 이러한 조약에 힘입어 워싱턴은 유럽의 여러 나라들이 전쟁 중인 데도 불구하고 미국은 평화를 유지하면서 발전이 보장된 국가가 되도록 튼튼한 초석을 쌓았다.

단호한 재정 정책과 국내 정책으로 국가 발전의 기틀을 잡다

신생 국가의 초대 대통령이 직면한 가장 핵심적인 일 중의 하나는 국가의 재정 상태가 제대로 돌아가도록 하는 것이었다. 독립 후 미국은 물가가 상승했고 워싱턴은 인플레이션으로 인한 구매력이 하락된 통화를 가지고 대통령을 시작했다. 외국 정부들은 신생 정부의 재정적 생존력에 의구심을 가지고 있었다.

이에 워싱턴 행정부의 재무장관 알렉산더 해밀턴은 외국과 국내 부채는 액면가 그대로 상환될 것이며 각 주의 전쟁 부채는 새로운 중앙정부가 책임지고 상환할 것을 제안했다. 이 제안에 많은 논란을 치른 후에 의회는 부채를 액면가 그대로 상환할 것인가를 놓고 투표를 했다. 그러나 부채를 상환하고자 하는 계획은 연방 하원에서 두 표 차로 부결되었다. 이런 상황에서 해밀턴과 제퍼슨은 유명한 거래를 했다. 제퍼슨이 국가의 수도를 남부 지역으로 옮기는 데 있어 해밀턴이 지지를 해준다는 조건으로 연방 정부의 부채 상환에 대한 책임을 지지할 것이라고 동의했다. 이와 더불어 해밀턴은 국립은행의 창설을 제안했다. 이것 역시 주 중심으로 미국이 발전하기를 바랐던 제퍼슨과 그의 지지자들이 반대를 했음에도 불구하고 통과되었다.

영국과의 전쟁 동안 지게 된 각 주 정부의 부채에 대한 연방 정부 차원의 책임과 국립은행의 창설은 결국 신생국의 건실한 통화 상태를 회복시켜 주었고 경제를 활성화시키는 동안 인플레이션을 줄이게 했다. 또한 해밀턴의 이러한 정책은 외국에 미국이 재정적으로 안정 상태에 있다는 확신을 심어 주었다. 보다 강한 중앙정부와 해밀턴의 경제 프로그램은 결국 새로운 국가에 번영을 가져다주었다.

그러나 워싱턴 행정부의 이러한 경제 계획에 상당한 반대 의견이 있었는데 이러한 반대는 어느 정도 타당성이 있었다. 액면가 그대로 부채를 상환한다는 것은 정부의 담보물을 가지고 있는 소유자들이 이에 대한 가치를 완전히 받는다는 것을 의미했다. 그런데 이를 소유하고 있는 대부분은 은행업자, 상인, 혹은 투기업자 들이었다. 이들은 부채를 지고 있었던 농민, 소상점 주인, 혹은 군인들로부터 삭감된 가격으로 담보물을 사들였던 사람들이었다. 또한 이들은 전쟁 동안 그들이 제공했던 서비스와 공급품에 대해서도 그 대가를 돌려받은 사람들이었다. 주 정부의 부채에 대해 연방 정부가 책임을 지는 것은 상대적으로 소규모 주에 대해서는 공정하지 않은 것으로 보였다. 국립은행에 대한 논쟁은 정부가 이러한 제도를 만들 수 있는 헌법적 권한을 가지고 있는가 하는 것이 논란이 되었다. 헌법 조항 그 어디에서도 중앙정부에게 경기 침체기를 효과적으로 대처해 가는 데 충분한 힘을 부여한 곳은 없었다. 그럼에도 헌법에 입각하여 워싱턴은 여러 문제들을 효과적으로 다루어 신생국가는 번영을 거듭했다. 국립은행은 자본의 축적을 위한 재원을 제공해 주었고 세금의 원천은 물론 보다 큰 신용을 제공하기 위한 수단을 제공해 주었다.

워싱턴 행정부 기간에 관세로부터 들어오는 방대한 액수의 정부 수입이 보장되어 있었기 때문에 국민 개인에게 부과되는 일반 세금은 상당히 낮았다. 그런데 정부는 1791년 위스키 제조업자들에게 연방 차원의 세금을 부과했다. 이에 관련된 법의 내용은 정부 관리로 하여금 세금을 내지 않고 있는 위스키 제조업자들의 집에 들어가 세금을 거두어 오도록 권한을 부여했다. 이에 대해 수많은 항의가 일어났고 의회는 소규모 생산업자들을 이 세금으로부터 면제해 주었다. 그럼에도 펜실베이니아 지방에 있는 여러 위스키 제조업자들은 여전히 이 세금을 납부하기를 거부했다. 이에 정부는 연방 보안관을 서부 펜실베이니아로 파견해 세금 납부를 거부하는 지도자를 체포하도록 했다. 그러던 중 수십 명이 다치고 사망했다. 결국 워싱턴은 '위스키 반란(Whiskey Rebellion)'으로 알려진 이 갈등을 중지시키기 위해 군대를 파견하여 반란을 평정했다. 그러나 사실 여기에는 광범위한 저항이 있지 않았고 반란이란 용어는 과장된 표현이었다. 대통령에 의한 이러한 행동은 새롭게 형성된 국민 정부를 강화시켜 주는 역할을 했는데 그것은 대통령의 문제 해결 능력을 입증해 주었고 나아가 국가의 법의 집행 능력 역시 입증해 주었다.

워싱턴은 국가에 평화와 번영을 가져오게 하는 여러 정책들을 도입함으로써 국가 종합적인 공공복지 정책을 추진했다. 우리가 오늘날 알고 있는 바와 같이 복지 프로그램은 당시에는 중앙정부의 책임으로 여겨지지 않았다. 뿐만 아니라 기업과 노동의 규제와 조정에 있어 정부의 개입도 없었다.

조지 워싱턴은 노예를 소유한 남부의 농장주였다. 한때 워싱턴은 흑인은 무식하며 게으르고 경솔하고 기만적이며 믿을 수 없는 사람이라고 믿었고 자신의 감독관으로 하여금 노예들을 때려도 좋다고 허용했다. 대통령으로 그는 1792년의 도망노예법(Fugitive Slave Act)을 법으로 제정하는 데 서명했다. 오늘날의 기준으로 노예에 대한 워싱턴의 태도를 평가하는 것은 불합리하다. 왜냐하면 당시의 사회는 노예 제도를 너무나 당연한 것으로 받아들이고 있었기 때문이다. 그럼에도 그는 노예 제도는 궁극적으로 없어져야 할 제도임을 분명히 했고 노예 소유주로서 대통령이라는 자신의 입장에 대해 우려를 나타냈다. 그는 백악관을 방문한 한 영국인에게 "오직 노예 제도의 근절만이 우리 연방의 존재를 영구히 할 수 있다고 확신합니다"라고 말했다.[36] 그가 1797년에 필라델피아를 떠나 집으로 돌아갔을 때 사실상 그는 자신의 노예 해방을 인정했다. 워싱턴은 유언장에 아내가 죽으면 자신의 노예를 해방시키라고 명시했다.

여러 면에 있어서 토착 미국인(인디언)에 대한 워싱턴의 견해는 당시의 기준으로 볼 때 훨씬 앞서 있었다. 워싱턴의 청년기 때의 경험으로 인한 인디언에 대한 편견—워싱턴은 오하이오 지역의 프랑스 주둔지에 영국 정부의 경고장을 전달하는 특사로 영국 정부에 의해 파견되었는데 길잡이였던 인디언이 총을 발사하여 자신을 배반한 경험—을 극복하고 인디언들을 백인 정착민들의 사회 속으로 동화시켜 나가고자 했다. 그러나 그는 북서부 지역의 인디언들에 대해서는 강력한 통제권을 행사했다. 1790년에 인디언과의 전투에서 패배를 한 후에 워싱턴은 군으로 하여금 1794년 팔런 팀버 전투에서 인디언들을 철저히 파괴시켜 이 지역에 평화를 가져오게 했다. 남서부 지역에서의 인디언 문제는 적절한 조치에 의해 쉽게 해결되었다.

워싱턴은 연방헌법과 수정헌법과 그의 행정부 동안에 첨가된 권리장전(Bill of Rights)의 강한 지지자였다. 비록 그는 제1차 수정헌법의 통과를 강하게 지지하지 않았지만 일단 그것이 헌법으로 채택된 후에는 이 조항을 강력히 지지했다. 그는 모든 종파가 신앙의 자유를 가질 수 있는 권리와 모든 사람이 법 앞에서 평등하다는 원리를 지지했다. 그는 모든 형태의 아집과 불관용, 인종 차별, 그리고 종교적 차별을 비난했다.

하지만 미국의 초대 대통령은 소수 세력과 인권 문제를 다루는 것과 그리고 모든 사람에 있어 권위가 있다는 것에 대해서는 업적을 남기지 못했다. 여성 참정권은 제헌회의에서 무산되었다. 여성의 권리를 신장하기 위한 최초의 조직적 운동이 워싱턴 행정부 동안에 일어났는데 그는 결코 여성의 권리에 대한 문제를 공적인 문제로 다루지 않았다. 또한 연방 공직에 임명된 핵심적인 인물들은 거의 모두가 백인 남성이었다. 이는 워싱턴 이후 거의 100년 이상 대부분의 대통령들이 워싱턴과 같이 공직에 대한 임명권에 있어 백인 남성 위주의 인사권을 행사했다. 워싱턴은 상류계급의 일원이었다. 그의 친구들과 절친한 동료들은 대부분 같은 계급 출신이었다. 그러나 군의 장교로 포지 계곡과 다른 여러 곳에서 자신의 부하들과 고통을 당하면서 그는 유리한 배경을 가지고 있지 못한 일반 국민들의 진가를 인정하게 되었다. 그는 모든 사람에게 평등한 권리와 기회의 균등을 제공하는 민주적 형태의 정부를 강하게 지지했다. 그의 경제 정책은 기업인, 상인, 대농장주 등 경제적 엘리트들에게 유리한 정책을 펼친 것은 사실이다. 그러나 그는 이러한 정책은 모든 국민들의 전반적인 복리를 증진시키는 것이라고 진심으로 믿었다.

위대한 업적이 된 워싱턴의 고별 연설과 평화로운 정권 교체

1796년 9월 17일 워싱턴은 또 다른 대통령 임기를 거론하는 것을 사전에 막기 위해 임기가 6개월이나 남아 있을 때 더 이상 대통령에 출마하지 않을 것을 고별 연설이란 제목으로 발표했다. 당시에 워싱턴이 원하기만 하면 그가 죽을 때까지 종신 대통령이 될 수 있었을 것이다. 사실 여러 사람들로부터 이러한 주장이 나오기까지 했다. 워싱턴은 이미 총사령관으로 있을 때 왕이 되어 달라는 요구를 거절했다. 제헌회의 의장으로, 또 초대 대통령으로, 그리고 1792년 재선에서도 겸손으로 마지못해 그 자리를 받아들였다. 이제 또 다시 3선을 추구하는 것은 자신의 생각과는 너무나 다른 처사였다. 그래서 워싱턴은 사실상 재선에 출마하기 전에 준비했었던 내용을 조금 손질하여 미리 발표를 했던 것이다.

워싱턴의 고별 연설로 3선이나 종신 대통령에 대한 이야기는 종지부를 찍었고 인류 역사상 처음으로 혈통이나 유혈이 아닌 평화로운 방법으로 정권 교체가 이루어질 것이라는 점이 기정사실화되었다. 그의 고별 연설은 이것만으로도 큰 역사적 의미가 있다.

하지만 여기에는 또 다른 의미의 큰 업적이 되는 내용이 포함되어 있었다. 이것은 신생 공화국이 나아가야 할 바를 미리 보여주는 등대와도 같은 역할을 했다.

고별 연설에서 워싱턴은 대내 문제와 관련하여 정치적 당파의 위험성을 경고했다. 워싱턴은 몹시도 이를 반대하고 거부했지만 이미 해밀턴파와 제퍼슨파로 나누어지는 모습이 보였다. 워싱턴은 지역과 정치적 파벌을 통합하여 나아가는 길이 미국의 번영과 질서가 유지된다는 점을 강조했다. 워싱턴 이후 워싱턴의 경고와는 달리 미국은 연방파와 공화파로 나누어졌고 그 후에 다시 국민공화파와 민주공화파로, 또 다시 민주당과 공화당으로 나누어졌다. 이러한 정치적 당파는 궁극적으로 남북전쟁의 한 원인이 되기도 했지만, 또 다른 의미의 미국 민주주의 발전의 기반이 되기도 했다. 두 당파가 선의의 경쟁을 통해 미국 민주주의를 더욱 발전시키는 긍정적인 면도 존재했던 것이다.

또한 워싱턴은 대외 문제와 관련하여 어느 특정한 나라를 편애하지 말 것을 경고했다. 신생 공화국이 생존을 하기 위해서는 철저한 중립을 지키는 길이 최선의 길임을 명시했다. 1789년 프랑스 혁명 이후 유럽은 프랑스와 영국을 중심축으로 하여 또 다시 전쟁을 벌이고 있었다. 제퍼슨을 중심으로 하는 공화파는 프랑스를 지지할 것을 촉구했고, 해밀턴을 중심으로 하는 연방파는 영국을 지지할 것을 촉구했다. 독립전쟁 당시 프랑스의 도움을 생각하면 응당 프랑스 편을 들어야 하지만 워싱턴이 생각하기에 영국은 무시할 수 없는 강대국이었다. 이러한 진퇴양란 속에서 워싱턴은 중립을 지키며 등거리 외교를 펼쳐 신생 공화국의 안정보장을 확립시켰다. 외교 문제에 있어서 워싱턴의 중립 주장은 후에 제임스 먼로 대통령의 먼로주의(Monroe Doctrine)에서 다시 확인되었고 19세기 동안 미국 외교의 기본 노선이 되었다. 이는 미국이 진정한 세계 국가로 성장하는 데 원동력으로 작용했던 것이다.

한편, 역사에서 미국이 탄생하기 전에 정치권력의 교체는 전통적으로 혈통이나 유혈을 통해서만 이루어져 왔다. 아들이나 딸이 전대를 이어 즉위했고 유혈 사태로 군주가 전복되어 새로운 군주가 즉위했다. 지금까지 국민들—지배받는 대중들—은 권력이 혈통이나 유혈에 의해 이어지는 것에 관해서 큰 이견을 제시하지 않았다.

그러나 워싱턴을 비롯한 미국 건국의 아버지들의 노력의 결과로 새롭게 탄생한 국민의, 국민에 의한, 국민을 위한 미국

정부의 탄생은 모든 것을 변화시켰다. 비록 당시의 많은 미국인들은 물론 세계 사람들이 혈통이나 유혈이 아닌 방법으로 한 정권에서 다른 정권으로의 평화로운 정권 교체가 이루어질 것인지에 대해 의심을 했지만 한 사람의 위대한 결단력이 이를 실현시켰다. 인류 역사상 처음으로 혈통이나 유혈 사태가 아닌 '국민들의 동의'에 의해 평화롭게 정권이 교체되었다.

이미 살펴보았듯이 사실상 워싱턴은 독립한 미국 최초의 왕이 될 수 있었다. 또한 그는 죽을 때까지 종신 대통령이 될 수도 있었다.

하지만 워싱턴은 왕이 되어 달라는 말을 가장 가슴 아프게 생각하며 말도 안 되는 소리라고 일축했고, 두 번의 임기 후 종신 대통령으로 추대하고자 하는 노력을 고별 연설로 사전에 차단시켰다. 워싱턴은 대통령직은 군주와 같아서는 안 된다는 강한 믿음을 가지고 있었다. 그래서 그는 이 새로운 나라의 정권 교체는 질서 있고 체계적이고 정기적으로 이루어져야 한다고 생각했다. 워싱턴은 이러한 믿음으로 3선을 단호하게 반대했던 것이다.

워싱턴은 비록 대통령직에서 물러나고자 했고 물러났지만 이와 관련하여 마지막 한 가지를 하고자 했다. 그것은 평화로운 정권 교체가 잘 이루어지는가를 직접 감독하는 일이었다. 대통령이 차기 대통령을 선출하는 일을 감독하는 워싱턴의 모범은 오늘날까지도 전통으로 내려오고 있다.

1797년 3월 4일은 토요일이었다. 이날은 워싱턴이 새로운 대통령 당선자 존 애덤스에게 대통령직을 넘기는 날이었다. 행사를 주관하는 측은 워싱턴에게 이전에 그랬던 것처럼 필라델피아에 있는 연방 홀에 참석해 달라는 부탁을 했다. 언제나 그랬던 것처럼 그의 자리는 맨 앞자리에 준비되어 있었다. 하지만 워싱턴은 부통령 당선자 토머스 제퍼슨 다음의 자리를 잡고 애덤스의 취임사를 들었다. 사회자는 다음으로 퇴임하는 워싱턴에게 연설을 부탁했지만 그는 다음 연설자는 제퍼슨이어야 한다고 주장하고 그에게 양보했다. 이에 제퍼슨은 자신은 아직 젊고 워싱턴에 대한 존경심이 있다고 말했다. 하지만 워싱턴은 제퍼슨이 이 나라의 부통령이고 대통령 다음으로 연설을 해야 하는 것은 당연하다고 믿었다. 워싱턴은 이제 스스로가 기꺼이 돌아가고 싶었던 미국의 단순한 일개 시민이 되었다. 취임식 행사 후 워싱턴은 연방 홀을 떠나 거리의 국민들에게 인사하는 중에도 애덤스와 제퍼슨 다음으로 만족과 위엄의 얼굴로 걸어갔다.

국가든 기업이든 인간이 이루고 있는 그 어떤 조직에서도 위대한 리더들은 자신의 뒤에 오는 리더의 중요성을 크게 인식한다. 워싱턴은 권력의 망토가 질서 있고 체계적이고 정기적으로 다른 사람에게 넘어가기를 간절히 원했다. 평화로운 정권 교체는 워싱턴이 인류 사회에 준 또 하나의 위대한 선물이다.

조지 워싱턴의 불멸의 리더십

항상 배우는 태도

워싱턴은 일생을 통해 배우는 사람이었다. 그는 항상 자신의 정규교육이 부족하다는 점을 알고 있었다. 어쩔 수 없이 배움의 길이 부족할 수밖에 없었던 워싱턴은 단순히 학문적으로 배우는 범위를 넘어 보다 실용적인 세상을 배우고자 했다. 그래서 그는 18세기에 통용되는 사회적 성공을 위한 길을 모색했다. 그는 측량 기술에 관한 책, 농업과 원예에 관한 책, 예술에 관한 책, 건축과 과학기술에 관한 책, 그리고 군사적 지식을 다루는 책 등에 걸친 폭넓은 독서를 했다. 이와 더불어 워싱턴은 당시의 젠틀맨들에게 필요한 철학과 예의범절에 관한 책도 탐독했다. 이러한 독서는 그가 측량사로, 성공한 농업인으로, 또 위대한 군인으로 그리고 가장 모범이 되는 초대 대통령으로 인생을 살아가는 데 밑바탕이 되었다.

스스로가 부족한 학문을 인식한 워싱턴은 책과 더불어 또 다른 배움의 길을 모색했다. 그것은 자신이 성공할 수 있도록 도움을 주는 훌륭한 멘토를 두는 것이었다. 형 로렌스와 좋은 이웃인 페어팩스 경은 워싱턴에게 최고의 훌륭한 멘토였다. 워싱턴은 이들 덕분에 세상을 살아가는 법과 성공하는 길을 예비할 수가 있었다. 측량 분야에서 일을 하고 군인이 되고 정치를 하게 된 것 모두가 이들의 도움과 가르침 덕분이었다. 물론 여기에는 워싱턴 자신의 근면과 겸손이 없었다면 불가능했을 것이다. 워싱턴은 사람들은 그들이 좋아하는 사람들과 같이 일하기를 좋아한다는 점을 이해하고 있었다.

알렉산더, 칭기즈칸, 유비, 링컨, 간디 등 위대한 정치적 리더는 물론 에디슨, 샘 앤더슨, 잭 웰치 등의 비즈니스 분야의 위대한 리더들의 공통점 중에 하나는 그들이 하나같이 실수와 실패로부터 배운다는 점이다.

워싱턴 역시 그러했다. 워싱턴은 수많은 군사적 실패로부터 새로운 군사적 전략을 배웠다. 그는 프랑스-인디언 동맹 전쟁 때의 실패의 경험을 독립전쟁 때 훌륭한 전략으로 다시 태어나게 했다. 프랑스-인디언 동맹 전쟁 때는 요새를 건설하는 것이 승리의 핵심적 전략이었다. 그러나 워싱턴은 프랑스에게 네세시티 요새의 패배 이후 승리를 위해 요새가 필수적인 것이 아니라는 점을 알게 되었다. 그래서 워싱턴은 독립전쟁이 시작되었을 때 요새에 집착하지 않았다. 그는 세계 최강의 군대를 상대로 집적 맞붙어 전투를 하기보다 게릴라전이나 소규모 전투로 적을 교란시키는 데 집중했다. 그러면서 워싱턴은 영국이 보스턴, 뉴욕 등을 포함한 대부분의 식민지 주요 도시를 점령하고 있었지만 자신과 자신의 군대를 쳐부수지 않고는 승리를 장담할 수 없다고 생각한다는 것을 알게 되었다. 이때부터 워싱턴의 전략은 승리를 하면 좋지만 그러지 못하는 입장에서 승리보다 생존 그 자체였다. 영국군을 상대로 이길 수 없다는 것을 알게 된 워싱턴은 어떻게 하면 명예롭게 후퇴하고, 어떻게 하면 적을 교란시키고, 어떻게 하면 적을 속일 수 있을까를 생각했다. 워싱턴은 후퇴를 너무나도 싫어했지만 전쟁에서 때로는 어둠 속에서 몰래 빠져나오고 어둠을 틈타 적을 공격하는 전략이 필요하다는 것을 알게 되었다.

대통령이 되어서도 워싱턴은 배움의 길을 멈추지 않았다. 워싱턴은 인디언 문제를 놓고 초기에 의회와의 마찰을 교훈삼아 의회와의 관계를 개선하는 것이 너무나 중요하다는 것을 알게 되었다. 복잡하게 전개되는 유럽의 국제 정세로부터 신생국 미국이 어떠한 선택을 해야만 생존은 물론 번영의 길로 나갈 것인가를 이해했다.

워싱턴은 실수와 실패를 감추는 사람이 아니었다. 그는 곧바로 변명 없이 이를 인정하고 상황을 바로잡고자 노력했다. 워싱턴이 군사와 정치 분야는 물론 사업 분야에서도 성공을 할 수 있었던 점은 바로 그의 이러한 점 때문이었다. 그는 중국으로부터 200종의 씨앗을 들여와 심었는데 단 한 포기도 싹이 트지 않았던 경험이 있었다.[37] 워싱턴은 이것을 좋은 경험이라 생각했다. 그는 실수와 실패로부터 배웠다. 그는 실패로부터 새로운 지식을 얻은 것이라 생각했으며 결코 시간 낭비라고 보지 않았다.

뚜렷한 목표와 비전

조지 워싱턴은 십대부터 뚜렷한 목표를 가지고 있었다. 그의 목표는 사회적으로 성공하는 것이었다. 이미 살펴보았듯이 워싱턴은 부자 집안의 자녀도 아니었고, 상류계급도 아니었다. 그는 장남도 아니었다. 아버지의 예상치 않은 사망으로 하고자 했던 공부의 길도 가지 못했다. 그래서 워싱턴은 형 로렌스를 비롯한 지인들의 도움으로 당시 사회적 성공의 일환인 측량 기술을 배우게 되었고 이로부터 기회를 가지게 되었고 어느 정도의 땅을 살 수 있는 돈을 벌었다. 또한 우연히 오게 된 군인의 길을 선택하여 그는 또 다른 성공의 활로를 모색했다. 하지만 영국 본국의 식민지인에 대한 차별의 벽은 워싱턴이 군인으로서의 성공의 길을 가로 막았다. 군을 제대한 워싱턴은 마사와의 결혼을 통해 버지니아 최고가는 젠틀맨으로 성장했다. 나아가 그는 버지니아 의회에 진출함으로써 자신의 부족한 학력과 가정 형편의 약점을 극복하고 사회적으로 성공하고자 하는 목표를 달성했다.

유럽의 7년 전쟁을 마무리한 영국은 식민지 아메리카를 그냥 두지 않았다. 영국의 식민지에 대한 탄압 정책은 워싱턴으로 하여금 새로운 목표를 세우고 이에 집중하도록 만들었다.

총사령관으로 대통령으로 워싱턴의 목표는 외국으로부터의 미국의 독립이었다. 그의 비전은 독립된 국가의 영원한 발전이었다.

워싱턴은 이 목표를 달성하고 비전을 실현시키기 위해 공화국 형태의 정부가 가장 적합하다는 것을 직감했다. 그는 이것을 '위대한 실험'이라고 말했다. 워싱턴은 캐서린 그래함(Catherine M. Graham)에게 "우리의 새로운 정부 수립은 시민사회에서 합리적인 계약과 합의에 의해 인간의 행복을 증진시키기 위한 위대한 실험이 될 것입니다"라는 편지를 보냈다.[38] 워싱턴은 이 위대한 실험이 실패로 끝나지 않기 위해 최선을 다했다.

이와 함께 워싱턴은 미국은 자유 기업 체계가 보장되어야 한다고 생각했다. 이 아메리카 식민지가 영국으로부터 독립을 갈망하고 쟁취를 했듯이 미국인 개개인도 자유가 새로운 정부가 빠른 성장을 할 수 있도록 신선한 자극제를 제공해주는 강력한 원동력이 된다고 믿었다. 지나친 간섭으로부터 독립해서 자신의 의지대로 부와 행복을 추구해야 한다고 믿었다. 워싱턴은 중앙정부는 전체를 통합하기 위해 반드시 필요한 것이지만 개개인의 자유가 최우선적으로 중요하다는 것을 단 한 번도 잊지 않았다. 그래서 워싱턴은 대통령에 취임하자마자 미처 연방헌법에서 다 담아내지 못했던 신앙·언론· 출판 등의 자유, 탄원·무기 휴대·배심재판의 권리, 그 외에 영장 없는 수색 등의 금지를 포함한 개인의 권리를 과도하게 해치는 행위를 금지하는 내용의 개인의 권리 보장을 강화하는 권리장전을 수정헌법의 형식으로 통과시켰다.

영국으로부터 독립을 쟁취한 워싱턴은 새로운 국가의 생존과 번영을 위한 가장 중요한 일로 13개 주가 기꺼이 따르는 성문화된 헌법을 만드는 것이라 생각했다. 이를 위해 그는 기꺼이 제헌회의에서 의장이 되었으며 협력과 합의를 도출해 내기 위해 최선을 다했다. 워싱턴은 가능한 13개의 합의안을 도출해 내기 위해 의장으로서 중립을 유지했다. 합의된 헌법에 대해 워싱턴은 누구보다도 먼저 서명을 했다. 워싱턴은 이 문서는 위대한 실험을 성공으로 이끄는, 다시 말해 민주주의를 위한 최고의 로드맵으로 절대로 손상되어서는 안 된다고 생각했다.

대통령이 된 후 워싱턴은 미국의 안전과 영원한 발전이라는 두 가지 목표를 실현하는 데 최선을 다했다. 공화국 정신에 따라 새로운 행정부를 조직하고, 각 행정부에 적합한 가장 능력 있는 사람으로 인선을 마무리했다. 워싱턴은 새로운 정부가 성장의 활기를 띄기 위해서는 무엇보다 경제 문제의 해결이 우선시되어야 한다는 것을 알고 있었다. 이에 워싱턴은 해밀턴의 부국강병책을 지지하여 이 문제를 해결해 나갔다. 나아가 입법부와 사법부와의 관계, 언론과의 관계 등 민주주의를 실현하는 데 필요한 문제들을 원만하게 해결했다. 또한 워싱턴은 영국과 프랑스를 중심으로 점화된 국제 전쟁에서 철저한 중립 정책을 유지해 나감으로써 신생국의 안전보장에 만전을 기했다.

3선의 거절은 워싱턴이 원했던 많은 것을 실현시켜 주었다. 워싱턴은 평화로운 정권 교체를 원했다. 그는 미래의 리더는 혈통이나 군사적 힘에 의해서가 아니라 능력에 의해 국민들이 선출하여야 한다고 생각했다. 이것은 미국이 당시의 다른 나라와 달리 위대한 잠재성을 가지고 발전할 수 있는 초석이 되었다.

여러 논란에도 불구하고 워싱턴은 미래의 수도는 복잡한 필라델피아를 벗어난 다른 곳이어야 한다고 생각하고 이를 추진했다. 워싱턴은 미국의 수도는 몇 십 년이 아니라 몇 세기가 계속되어야 하며 그것은 단순히 미국인을 위한 것이 아니라 세계인을 위한 것이어야 한다는 비전을 제시했다.

워싱턴의 미래 지향적 목표와 비전은 정치와 군사 분야 이외에서도 빛난다. 워싱턴은 땅 투자의 귀재였다. 그는 총 7만 에이커의 땅의 주인이 되었다. 그는 혁명을 통한 새로운 국가의 탄생은 땅의 중요성이 커질 것이라는 점을 직감했다. 말하자면 땅은 신생국 미국의 가장 중요한 자원이 될 것이라는 점을 확신했다. 당시 별 가치가 없었던 버지니아의 난세몬드 지역의 땅 373에이커를 사면서 그는 "이 땅들은 곧 매우 가치

있게 될 것이라는 확신을 가지고 있다"라고 썼다.[39] 워싱턴은 땅과 더불어 용이한 상업 시설을 구성하고 교통망을 개량하는 사업 역시 미국의 미래를 위해 필수적인 것임을 파악했다. 워싱턴이 운하 건설과 강 길의 개선에 관심을 쏟은 것은 이와 같은 맥락에서였다. 많은 땅의 주인이었던 워싱턴은 비전이 있는 농부였다. 그는 끊임없는 실험을 통해 윤작, 농기구 개량, 토질 향상 등을 힘썼다. 워싱턴은 미국은 궁극적으로 미래 세계의 창고와 곡창지대가 될 것이라 확신했다.

정직과 용기, 그리고 강한 책임감

워싱턴은 오직 정직한 사람만이 흠이 없는 평판을 유지할 수 있다고 믿었다. 버찌 나무를 자르고 그의 아버지에게 "나는 거짓말을 할 수 없다"라고 한 것에 관한 파슨 윔스(Parson Weems)의 이야기는 아마도 사실과는 먼 이야기일 것이다. 하지만 이것은 워싱턴이 얼마나 진실 속에서 생활하는가 하는 점을 단적으로 보여 주는 평가의 일종이라 할 수 있다. 그는 공적인 것은 물론 개인적인 것에도 적용되어야 하는 격언인 "정직은 항상 최고의 정책입니다"라는 신념으로 살았다.[40]

워싱턴은 약 2만 통 이상의 편지를 썼는데 그 어느 곳에도 거짓을 찾아보기가 힘들다. 단지 하나의 편지에서 워싱턴은 칭찬을 받을 수 없는 친구에게 과한 칭찬을 했다.

워싱턴은 자신의 정직이 의심받는 것에 대해서 적극적인

방어를 했다. 1757년 9월 17일 버지니아 총독 대리 로버트 딘위디에게 워싱턴은 그가 "총독 대리의 명령을 함부로 어겼다는 소문에 분노하지 않을 수 없다"라는 편지를 보냈다.[41)]

워싱턴은 대륙군 총사령관직의 임명을 놓고 여러 사람들로부터 워싱턴이 얼마 전에 있었던 영국의 크롬웰과 같이 되지 않을까 하는 의심을 받았다. 당시 식민지인들은 영국의 크롬웰이 대의를 내걸고 군사적 행동을 한 뒤 그 권력을 송두리째 독점했다는 사실을 알고 있었다. 총사령관으로 워싱턴을 추천한 애덤스마저도 크롬웰의 유령을 걱정했다. 애덤스는 "올리브 크롬웰은 성공했을지 모르지만 그러나 그는 신중하지도 정직하지도 않다. 뿐만 아니라 그는 칭찬할 만하지도 않으며 본받을 만하지도 않다"고 썼다. 그러나 애덤스를 비롯한 대륙회의 참석한 대표들은 하나같이 워싱턴은 정직하고 믿을 만한 사람이라고 생각했다. "겸손하고, 친절하고, 용감한 조지 워싱턴을 총사령관에 임명하자"라는 애덤스의 추천에 애덤스의 추천에 대표들은 만장일치로 합의했다.[42)]

독립전쟁 기에 워싱턴의 정직은 너무나 중요했다. 워싱턴은 전쟁을 시작하고 특히 1776년에는 영국군에게 연전연패를 하지 않을 수가 없었고 이것은 워싱턴에 대한 신뢰를 크게 손상시켰다. 여러 장교들과 의원들은 장군으로서의 재능과 리더로서의 판단력을 의심하지 않을 수가 없었다. 그럼에도 그들은 감히 워싱턴의 정직에 대해서는 의심하지 않았다. 마치 링컨이 대통령이 당선된 후 그를 반대하는 사람들이 그의 출신 성분과 학력, 집안 사정, 정치 경력 등은 의심했지만 그가 정직하다는 점에 대해서는 아무도 의심하지 않은 것과 마찬가지였다.

워싱턴이 부하들에게 말을 하면 그것은 곧 진리로 받아들여졌다. 예를 들어 워싱턴은 혁명전쟁 동안 굶주린 병사들에게 농가를 약탈하지 말도록 명령했다. 도둑질은 도둑질인 것이다. 워싱턴은 또한 만약 민간인을 돌보지 않는 병사들이 있다면 그들이 혹시 영국 편이 아닌가, 의심된다고 말했다. 1777년 펜실베이니아의 브랜디와인 전투에서 워싱턴은 병사들에게 약탈을 금지하는 특별 명령을 내렸다. 그런데 영국 장군 윌리엄 하우(William Howe)는 근처 퀘이커 교도들의 마을을 습격하여 수천 달러에 달하는 식량과 물품을 약탈했다. 영국군의 이러한 약탈 행위는 전쟁 초기에 남아 있었던 식민지 체제에 온건적이고 순응적인 사람들이 완전히 등을 돌리게 만들었다. 독립전쟁 내내 워싱턴은 제멋대로 다른 사람의 재산을 약탈하는 군인에 대해서는 강한 혐오감을 나타냈다. 그는 이러한 행위는 폭도들보다 더 나쁜 짓이라고 생각했다. 그는 "좋은 병사와 폭도의 차이는 전자는 질서와 배려가 있는 반면에 후자는 무질서와 방종이 있다"라고 말했다.[43]

미국 역사에서 대의를 위해 워싱턴만큼 용감하게 자신의 생명을 무릅쓴 사람은 없다. 미국은 사실상 한 사람의 위대한 용기 때문에 건국되었다고 해도 과언이 아니다. 워싱턴의 불굴의 용기는 일반 사람들이 극복하기 어려운 수많은 도전을 기꺼이 감당해 냈다. 그는 수많은 전투와 가장 혹독한 시련이었던 포지 계곡의 시련 등, 그리고 천연두와 결핵 등의 질병에서 전혀 상처 입지 않고 모두 극복했다. 이것은 워싱턴이 올바른 대의를 실현하는 데 가지고 있는 용기 덕분이었다.

워싱턴의 용기는 어릴 때부터 입증되었다. 아무리 형과 페어팩스의 후원이 있었다지만 워싱턴은 단지 17세에 이미 아무도 가 보지 않은 황무지를 탐험했다. 막 군인이 된 22세 때 워싱턴은 주지사 딘위디의 특사로 자원하여 다시 한 번 황무지를 여행했다. 워싱턴은 오하이오 계곡을 프랑스령으로 주장하는 프랑스 군인들에게 이곳이 영국령이며 이곳에서 철수할 것을 경고하는 영국 정부의 경고장을 전달했다. 프랑스 군인들은 이 경고장을 무시했다. 겨울이 다가왔고 워싱턴과 길잡이로 동행했던 크리스토프 기스트(Christopher Gist)는 빨리 버지니아로 귀환을 해야만 했다. 귀환을 하면서 워싱턴은 두 번의 죽을 고비를 넘겼다. 한 번은 길을 안내하던 인디언이 갑자기 돌아서서 근거리의 워싱턴을 향해 총을 발사했는데 빗나간 사건이었다. 다른 하나는 추운 밤에 얼어붙은 알레게니 강을 건너면서 얼음물에 빠진 사건이었다. 온갖 어려움을 극복하고 버지니아에 도착한 워싱턴은 1754년 3월에 이때의 경험을 저널에 출판했다.

전쟁에서 승리한 워싱턴이 왕이 되어 달라는 부탁을 거절한 일이나 3선 대통령 출마를 원하는 것을 미연에 방지한 일은 그의 진정한 용기의 소산이라 할 수 있다. 당시는 물론 오늘날에도 많은 정치 리더, 군사 리더들이 권력에 취해 벗어나지 못하는 것은 워싱턴과 같은 진정한 용기가 부족하기 때문이라 생각한다.

워싱턴은 위대한 리더들의 또 다른 속성인 강한 책임감을 가지고 행동했다. 어린 시절부터 워싱턴은 책임감을 몸소 체득했고 그것을 운명적으로 받아들였다. 아버지의 사망과 장남이 아닌 현실은 어린 워싱턴이 스스로를 책임지지 않으면 안 된다는 생각을 가지게 했다. 더욱이 어머니는 워싱턴이 자신과 동생들을 책임지고 보살펴 주기를 간절히 원했다. 이런 입장에서 워싱턴은 이복형과 이웃의 도움으로 스스로를 책임질 수 있는 일을 찾았고 자신에게 그 일이 주어졌을 때 최선을 다했다. 어떤 의미에서 측량사로, 전령으로, 군인으로, 그리고 총사령관으로, 대통령으로, 국가 원로로 보여 준 그의 강한 책임감은 바로 어린 시절의 경험에서부터 기인한 것으로 보인다.

총사령관에 임명되자 워싱턴은 사랑하는 아내에게 편지를 썼다.

> "나는 무거운 책임감을 느낍니다. 이 임명을 거절하는 것은 내 힘 밖의 일입니다. 이 임명의 거절은 나 자신에게는 불명예를 의미하는 것이고 내 친구들에게는 고통을 주는 것입니다."[44]

독립군 총사령관이 된다는 것은 국가와 국민에게 큰 책임감을 가지는 것일 뿐만 아니라 워싱턴 개인적인 면에 있어서도 모든 것을 거는 행동이었다. 워싱턴은 이 일에 자신의 생명, 가족의 생명, 자신의 땅, 그리고 모든 재산을 걸어야만 했다. 그는 자신이 가진 모든 것이 위험할 수도 있다는 점을 알고 있었지만 정당한 대의를 위해 이 모든 것을 걸고 이 일을 하려고 했다.

근면과 근로 윤리

워싱턴은 누구보다도 근면하고 부지런했다. 부자도 아니고 상류계급도 아니고 거기에다 교육을 받을 수 있는 기회도 사라진 상태에서 워싱턴이 성공할 수 있는 길은 부지런함뿐이었다. 워싱턴은 일생을 통해 마치 일 중독자처럼 살았다. 측량 일은 물론 군인으로 대통령으로 그는 늘 최고의 활동을 했다.

17세에 측량 일을 시작한 워싱턴은 부지런함과 공정함으로 성공의 길을 걸을 수가 있었다. 워싱턴은 얼마의 돈이 모이면 그 돈으로 땅을 샀다. 이는 18세기에 사회적 명사가 되는 길 중에 하나였다. 워싱턴은 마운트버넌을 번성하고 생산적인 농장으로 만들고자 했다. 좋은 생산과 마케팅을 통한 최고의 경영을 원했다. 그러나 노동자들은 워싱턴의 생각과 공유하지 못한 경우가 많았다.

대통령에 퇴임 후 워싱턴은 65살의 나이에도 불구하고 아침 일찍 일어나 열심히 일했다. 그는 자신의 노동자들도 자신처럼 일찍 일어나기를 원했다. 워싱턴은 친구인 맥헨리(James McHenry)에게 보낸 편지에서 일꾼들의 게으름에 대해 말했다. "나는 새벽이면 하루를 시작합니다. 만약 나의 일꾼들이 그때까지 그곳에 없으면 그들의 행동이 적절치 못한 것에 마음이 아프다는 말을 전합니다."[45)]

워싱턴은 새벽 4시에서 5시 사이에 깨어나 곧바로 옷을 입고 집을 나와 수 마일을 말을 타고 넓디넓은 마운트버넌 농장의 일 상태를 돌아본다. 그는 약 7시 경이면 집으로 돌아오는데 이미 많은 방문객이 와 있어 아침을 같이한다. 사실 마운트버넌은 가족과 친구는 물론 전혀 모르는 사람들의 사랑방과 같은 곳이 되었다. 일 년에 수백 명의 손님들이 이곳에서 밤을 보내곤 했다.

워싱턴은 제퍼슨, 애덤스 등과 같은 자신의 동료들보다 많이 배우지 못한 것을 몹시 아쉬워했다. 하지만 그는 배우지 못한 것에 좌절하거나 의기소침하지 않았다. 그는 시간이 있을 때마다 독서를 즐겼고 독서를 통해 부족한 지적 욕구를 충족했다. 이러한 독서와 함께 측량 기술자, 군인, 정치, 농장주 등 일찍 사회 경험을 통해 얻은 지혜를 바탕으로 워싱턴은 엄청난 양의 글을 썼다. 1979년 버지니아 대학은 워싱턴의 글을 모으는 작업을 했는데, 총 90권 분량의 책이 만들어졌고 개인 편지는 2만여 통이 편집되었다.

워싱턴은 종종 가장 가까운 가족이 게으른 것에 대해 가슴

아파했다. 특히 마사의 셋째 아들로 워싱턴의 양자인 존 파커 커티스(John Parke Cutis)는 결코 학교생활에 적응하지 못한 문제가 많은 아이였다. 학교의 한 교사가 워싱턴에게 "내 인생에서 이처럼 게으르고 이렇게 호색적인 젊은이는 처음 보는 것 같습니다. 이 친구에게서 아시아의 어떤 왕자의 모습을 보는 것 같습니다"라는 편지를 보냈다.[46] 마사에게는 네 명의 자녀가 있었는데 존을 제외하고 모두 20살을 넘기지 못하고 사망했다. 마사가 존에 대해 과한 사랑을 준 것은 당연한 결과였다. 하지만 존은 그 사랑을 제대로 이해하지 못했다. 새 아버지가 군인으로 정치가로 농장주로 다시 총사령관으로 가장 유명하고 존경받는 사람으로 변해 가는 것을 보았지만 존은 아버지와 어머니의 영광의 그늘 속에서 아무 일도 하지 않고 그저 놀기만 했다. 그러던 중 1781년 독립전쟁이 종결되어 가던 중에 존은 갑자기 군인이 되겠다고 선언하고 아버지 곁에서 개인 참모로 생활하다가 설사병에 걸려 사망했다. 이 당시 워싱턴은 요크타운에서 승리를 했으나 존의 죽음은 큰 슬픔으로 다가왔다. 특히, 아내에 대한 연민은 이루 말할 수가 없었다.

워싱턴은 자신이 데리고 있는 노예들이 교묘한 방법으로 일을 하지 않는 다는 것을 알고 있었다. 그는 이런 노예들을 강압적으로 다루지 않았다. 그 대신 그는 왜 노예들이 일을 하지 않으려고 하는지 생각했다. 근로 윤리를 강조하고 자유 시장 체제를 강하게 지지하고 있었던 워싱턴은 노예 제도 자체의 문제점이 있음을 알았다. 노예 제도에는 스스로 일을 하도록 만드는 소위 인센티브가 없었다. 처벌에 대한 두려움만으로 노예들을 움직일 수가 없었다. 그래서 워싱턴은 노예들에게 인센티브를 제공했다. 더 나은 의식주를 제공하고 노동 환경을 개선하고 심지어 현금으로 보상하기도 했다. 이미 워싱턴은 만약 노동자의 노력의 대가가 적절히 보상되지 않으면 아무리 처벌이 무섭고 강한 근로 윤리가 강조된다고 하더라도 이것은 아무런 의미가 없다는 것을 알고 있었다.

워싱턴이 농장주 외에 포토맥 정기선 사업까지 했다는 사실은 많은 사람들이 모르고 있다. 1760년대 워싱턴이 버지니아 주 의원을 하던 중에 이웃인 존 포지(John Posey)에게 3,750달러를 빌려 주었다. 당시 포지는 포토맥 강에서 정기선 사업을 하고 있었는데 얼마 있지 않아 사업이 파산했다. 이때 워싱턴은 그것을 인수받아 1790년까지 사업을 했다. 물론 사업은 다른 사람에 의해 경영되었지만 워싱턴이 대통령이 되어서도 약 2년 동안 정기선 사업을 계속했다는 사실은 그가 일에 대한 집착이 얼마나 큰지를 알 수 있다.

혁명전쟁 8년 동안 워싱턴은 단 한 번도 휴가를 가지 않았다. 그는 오로지 자유를 위한 대의, 부하들의 복지, 그리고 이제 독립하게 되면 탄생하게 될 이 나라를 위해 몸과 마음을 집중했다. 그 대신 마사가 자주 야영지를 찾았다. 그녀는 남편이 군을 떠나 자신에게로 결코 오지 않을 것을 알고 있었기 때문에 그녀는 많은 어려움에도 불구하고 스스로가 행동했다.

워싱턴은 대통령이 되면서 결코 명예직으로 남아 있기를

원치 않았다. 그 대신 현안으로 다가오는 국가 대소사와 국가의 미래를 위한 준비를 주도적으로 처리하고자 했다. 대통령직 수행에 대해 의회는 연봉 2만 5천 달러를 의결했으나 워싱턴은 총사령관직을 수락할 때처럼 보수는 받지 않을 것이며 단지 업무 과정에서 들어가는 비용만을 처리해 줄 것을 요청했다. 그는 개인의 경제적 이득보다 대의를 위해 일을 한다는 점에 더욱 큰 의미를 둔 사람이었다.

고귀한 품성

조지 워싱턴은 고귀한 품성으로 높은 수준의 가치를 지켰다. 대통령으로서 워싱턴은 자신의 행동의 모든 부분이 미래의 대통령들의 행동에 선례가 될 수 있다는 것을 알고 있었다. 그는 역사상 최초의 민주 공화국의 대통령에 어울리는 모범을 만들려고 신중히 행동했다. 그는 대통령직에 대한 고유하고 적합한 품격을 만들었다. 워싱턴은 미국인들이 자신들이 미국인이라는 사실과 워싱턴이 자신들의 대통령이라는 사실에 대해 자부심을 가지도록 만들었다.

워싱턴은 다른 사람과의 관계에서 에티켓에 대해서 깊은 관심을 가지고 행동했다. 그는 애덤스와 해밀턴에게 자신이 국민과의 관계에서 공적으로 어떤 관계를 유지해야 하는가에 대한 조언을 구했다. 그는 대통령으로 자신이 자유롭게 사람들을 만날 것인지 혹은 만나지 않을 것인지, 만약 만난다면 어떻게 만나야 할 것인지, 또 백악관을 공개할 것인지, 공개하지 않을 것인지, 국가 공휴일에만 리셉션을 열 것인지, 사적인 차 파티(당시는 차 파티는 일종의 사교 모임 중의 하나였다) 초대를 받아들일 것인지, 얼마나 자주 방문객을 접견해야 할지에 대해 결정을 해야만 했다. 대통령이 되고 난 후 얼마 지나지 않아 그는 대통령에게로의 일반 국민에 대한 접근은 상당히 제한적이어야 한다는 것을 알게 되었다. 워싱턴은 대통령인 자신을 만나기 원하는 사람들에 의해 압도되어 있다가 결국 일주일에 한 시간 정도 일반 국민에게 접견을 허용했다. 여기에 추가적인 방문은 사전에 약속이 반드시 이루어져야 한다는 것을 원칙으로 삼았다. 그 대신 워싱턴은 국민들로부터 직접적으로 여론을 청취하기 위해 1789년과 1791년 두 차례에 걸쳐 13개 주 모두를 여행했다. 도로가 발달하지 않았던 당시에 이 같은 여행을 한다는 것은 너무나 어려운 일이었다.

워싱턴은 다른 사람들이 자신을 사랑하게 만드는 방법을 알고 있었다. 그는 독립전쟁 당시 장군으로서도 이러한 재능을 발휘했다. 이러한 재능은 대통령직에 있으면서도 더욱 빛이 났다. 이것은 국민들을 위하고 대통령직을 성공적으로 수행하는 데 큰 도움을 주었다.

워싱턴은 연방의 새로운 수도를 선택하는 일에 있어서 개인적으로 이익을 취했다고 오해를 받고 있다. 그러나 국가의 수도를 옮기는 결정은 워싱턴이 부자가 되기 위해서 이루어진 것이 아니었다. 이 문제와 관련해서 워싱턴은 적어도 중립적인 입장이었다. 사실 이것은 주 정부의 부채를 연방 정부가 책임을 지는 문제를 두고 해밀턴파와 제퍼슨파 사이의 타협을 용이하게 하기 위하여 취해진 일종의 정치적 거래 조치였다. 말하자면 해밀턴이 제퍼슨으로부터 연방 정부의 권한을 확보하는 대신 정부의 새 수도를 남부에 위치하도록 했던 것이다.

워싱턴은 기품 있는 스타일로 생활을 했다. 1790년에 해밀턴이 이끄는 재무부는 대통령에게 정당하게 주어져야 할 돈보다 더 많은 돈을 주었다. 그러나 재무부의 이 조치에 대해 그는 다른 두 해 동안 이때 받은 액수의 돈을 받지 않아 이를 상쇄시켰다.

그러나 워싱턴 역시 완벽한 도덕성의 전형은 아니었다. 그 역시 한 인간으로 인간적 기질을 가지고 있었다. 그의 고결한 품성에 대해 의문이 제기될 때 때로는 화를 냈다. 화를 낼 때면 종종 작은 실수를 하곤 했다. 또한 백악관으로 부른 사람을 잠시 동안 머물러 있으라고 해 두고 이를 잊어버리곤 했다.

하지만 전체적으로 볼 때 워싱턴의 성격은 부정적인 것보다 긍정적인 밝은 측면이 많았다. 용기, 정직, 결단력, 의무에 대한 책임감, 그리고 정직함에 대한 그의 덕성이 너무나 강한 나머지 그는 대통령직에 대한 크나큰 명성을 더해 주었다. 늘 워싱턴에게 질투를 했던 존 애덤스의 아내 아비게일 애덤스(Abigail Adams)는 "그에게는 위엄과 품위, 편안함, 정중함을 느낄 수 있습니다"라는 내용의 편지를 남편에게 보냈다.[47] 또 존 애덤스와 같은 매사추세츠 주 대륙회의 대표로 법률가이자 정치가인 토마스 쿠싱(Thomas Cushing)은 "워싱턴에게는 칭찬하지 않을 수 없는 여러 가지 품성이 존재한다. 그것은 분별력 있고, 온화하며, 덕이 있으며, 겸손하고, 용감한 것이다"라는 내용을 친구에게 보냈다.[48]

이러한 품성을 가진 워싱턴은 독단적이지 않았다. 그는 국가 목표를 달성하기 위해 내각 인사들과 보좌관들로부터 충분한 충고를 받아들였다. 여러 면에서 그는 해밀턴에 가까운 편이었으나 그렇다고 맹목적으로 그의 주장을 따르지 않았다. 해밀턴은 워싱턴의 경제 프로그램을 수행하는 데 있어서 핵심적인 인물이었다. 해밀턴은 혼자서 일을 주도하지 않았고 또 워싱턴 역시 독단적으로 판단하지 않았다. 두 사람은 협력을 통해 공동의 비전과 공동의 목표를 공유했다. 예를 들어 워싱턴과 해밀턴은 신생국 미국의 꿈을 실현시키는 데 핵심적인 열쇠를 영국이 가지고 있다고 생각했다. 궁극적으로 워싱턴과 해밀턴은 영국과의 동맹은 미국을 위한 자신들의 꿈을 실현시키는 데 중대한 역할을 한다고 결론지었다. 사실상 영국과의 무역은 미국 경제가 움직이도록 하는 에너지를 제공해 주었으며 연방을 더욱 결속시켰다고 할 수 있다.

조지 워싱턴의 죽음과 평가

위대한 첫 단추49)

워싱턴은 3선에 대한 유혹도, 왕이 되려 한다는 비난도 모두 뿌리치고 두 번의 임기를 마치고 고향 마운트버넌으로 은퇴했다.

은퇴 후 워싱턴은 일생에서 가장 행복한 시간을 보냈다. 그동안 돌보지 못했던 농장을 돌보고 전 세계에서 찾아오는 수많은 방문객을 접대했다. 한때 농장을 돌볼 자금이 부족하여 은행에서 돈을 빌리기도 했지만 큰 문제는 아니었다.

종종 여러 사람들로부터 국가 대소사에 대한 브리핑을 받고 깊은 관심을 표명했지만 새로운 정부에 대해 의견을 제시하거나 비판하는 경우는 절대 없었다. 단순한 관심, 그야말로 자신과 건국의 아버지들이 청춘을 다 바쳐 건국한 국가가 잘되기를 바라는 우환(憂患)의 마음, 그것으로 끝이었다. 퇴임한 대통령인 워싱턴은 국정은 이제 자신의 몫이 아니라 현직 대통령의 몫이라고 생각했다.

그러나 국가가 위기에 처했을 때 워싱턴은 수동적인 입장이 아니었다. 미국은 뇌물을 요구하여 굴욕적 외교를 강요한 소위 XYZ 사건으로 프랑스와 전쟁의 위기에 다다랐다. 후임 대통령 존 애덤스가 1798년 7월 4일 워싱턴을 중장으로 승급하고 총사령관에 임명했다. 이에 워싱턴은 "내 몸에 남아 있는 모든 피를 바쳐서"라는 말과 함께 총사령관직을 수락했다. 하지만 전쟁은 일어나지 않았다.

앞에서도 밝혔듯이 워싱턴이 최고의 권좌를 버리고 고향으로 돌아간 것은 역사의 한 페이지를 장식할 만한 실로 경이로운 일이다. 헌법과 같은 제도가 중요한 것이 아니다. 역사를 통해 많은 권력자들은 제도를 무시하고 장기 집권을 획책했다. 반대하는 수많은 사람들을 죽음으로 몰아가고 강제로 제도를 바꾸어 가면서 최고 권좌를 탐해 왔다. 분명 쿠데타를 혁명이라 우기고 자신들의 권력에 대한 탐욕을 구국의 일념이라는 말로 치장했다. 워싱턴 이전의 로마의 카이사르가 그러했고 영국의 크롬웰이 그랬다. 거의 동시대인인 나폴레옹이 그랬다. 20세기의 프랑코가 그랬고, 히틀러가 그랬으며, 또한 박정희 대통령도 그랬다. 하지만 역사상 워싱턴은 자신의 의지대로 권좌를 놓고 자연인으로 돌아간 최초의 사람이었다.

워싱턴은 집안사람들이 대체적으로 오래 살지 못한다는 것을 알고 있었다. 그래서인지 몰라도 그는 1799년 7월에 자필로 42페이지에 달하는 유언장을 작성했다. 아마도 죽음이 다가오고 있다는 점을 느꼈는지 모를 일이다.

워싱턴은 퇴임 후의 생활이 그 어느 때보다 행복했고 그래서 마지막 가는 길도 모범적으로 준비할 수가 있었다. 1799년 12월 12일, 추운 날씨에 워싱턴은 말을 타고 농장을 돌아 다녔다. 갑자기 목이 붓고 고통이 엄습했는데 그로부터 이틀이 지난 후 워싱턴은 사망했다. 워싱턴의 마지막 말은 다음과 같다.

> 나는 이제 죽습니다. 나를 잘 매장해 주시고, 내가 죽고 난 후 이틀이 지나기 전에 관에 넣어 주시기 바랍니다. 모두들 아시겠지요? …… 참으로 …… 그래요. 나는 …… '만족합니다(Tis well).'[50]

죽으면서 만족을 이야기하는 사람이 이 세상에 몇 명이나 될까 생각할 때 워싱턴의 마지막 말은 참으로 의미 있다 하겠다. 워싱턴의 장례식은 그의 요구대로 단순했지만, 군인을 비롯한 조문객이 끊이지 않았다. 그리고 포토맥 강에 정박한 배에서 그를 기리는 예포가 발사되었다.

독립군 총사령관으로, 대통령으로 그의 위대함은 이루 말할 수 없지만 워싱턴의 위대함은 죽는 그날까지 빛났다. 아래는 워싱턴의 유언장 내용이며 그대로 집행되었다.

· 5십만 달러의 가치가 나가는 부동산의 권리와 이익은 아내 마사가 살아 있는 동안 아내에게 줄 것.

· 개인 시중을 든 윌리엄을 노예 신분에서 즉각 해방하고 그에게 연금 30달러를 줄 것과 아내가 죽음과 동시에 모든 나머지 노예들을 해방시킬 것.

· 알렉산드리아 은행 주식은 가난한 고아 어린이들의 교육을 위해 사용할 것.

· 포토맥 회사의 주식은 국립대학 건설 비용으로 사용할 것.

· 동생 새뮤얼 가족과 친척 바톨로뮤 댄드리지의 부채를 청산해 줄 것.

· 워싱턴의 보좌관이었던 토비아스 리어가 평생 살 수 있는 집을 마련해 줄 것.

· 조카 버시로드 워싱턴에게 마운트버넌과 개인적 글과 서류, 그리고 도서관을 줄 것.

· 손녀 넬리 루이스와 손자 조지 워싱턴 파크 커티스에게 각각 상당한 부동산을 줄 것.

· 벤저민 프랭클린이 워싱턴에 선물한 황금머리 지팡이를 동생 찰스에게 줄 것.

· 워싱턴이 사용한 서재와 의자는 주치의 크레이크에게 줄 것.

· 혁명전쟁 동안 영국군으로부터 빼앗은 권총은 라파예트에게 줄 것.

· 검은 자신 보호, 국가방어, 정당한 일을 위한 목적을 제외하고는 뽑지 말 것을 규정하여 5명의 조카에게 줄 것.[51)]

장군과 정치가로 조지 워싱턴을 도운 헨리 리(Henry Lee)는 1799년 워싱턴에 대한 추도사로 짧지만 너무나 함축적이고 강한 메시지를 남겼다.

"이 위대한 사람을 기립니다. 전쟁에서도 최고. 평화에서도 최고. 이 나라 국민의 마음속에서도 최고입니다."[52)]

오늘날 워싱턴이 남긴 대부분의 것들은 마운트버넌 기념관에 전시되어 있다. 헨리 리의 말에 이어 이런 말을 하고 싶다. '그는 퇴임 후에도 최고입니다.' 워싱턴의 위대함은 대통령으로서 뿐만 아니라 퇴임 후의 대통령으로도 포함된다. 그의 위대한 첫 단추가 후세에 모범이 된 것은 두말할 나위가 없다.

지금까지 미국에는 조지 워싱턴부터 버락 오바마까지 총 43명의 대통령이 있다. 조지 워싱턴은 에이브러햄 링컨과 프랭클린 루스벨트와 더불어 미국의 위대한 대통령 세 명에 속한다. 링컨은 남북의 갈등을 통합과 화해와 용서의 리더십으로 치유했다. 루스벨트는 대공황과 세계 대전을 포기하지 않는 불굴의 의지로 극복했다.

워싱턴은 인류 역사상 처음으로 민주 공화국을 창조했다. 처음으로 사람들이 스스로를 다스리는 그런 자유를 만들어 주었다. 이것은 워싱턴의 꿈이자 인류의 영원한 보편적 가치이리라.

주

1) A. Ward Burian, *George Washington's Legacy of Leadership*, Mogan James Publishing, 2007.
2) 이러한 과장된 표현은 식민지인들을 더욱 단합시키는 결과를 낳았다.
3) Burian, *George Washington's Legacy of Leadership.*
4) George Washington Papers at the Library of Congress, 1741~1799.
5) Jared Sparks, *The Life of George Washington*, Little Brown, 1860.
6) Washington to Col. Lewis Nicola, May 22, 1782.
7) James T. Flexner, *George Washington in the American Revolution, 1775~1783*, Little Brown, 1967.
8) Ibid.
9) Thomas Jeffersom, *The Wrightings of Thomas Jefferson*, Thomas Jefferson Memorial Association, 1903~1904.
10) Sparks, *The Life of George Washington.*
11) Caroline M. Kirkland, *Memoirs of Washington*, Appleton, 1857.
12) Burian, *George Washington's Legacy of Leadership.*
13) Ibid.
14) John E. Ferling, *The First of Men: A Life of George Washington*, University of Tennessee Press, 1988.
15) Ethan Fishman and William D. Pederson and Mark J. Rozell, (ed.), *George Washington: Foundation of Presidential Leadership and Character*, Praeger, 2001.
16) Ibid.
17) J. T. Flexner, *George Washington in the American Revolution, 1775~1783*, Little Brown & Co, 1968.
18) John Adams to Abigail Adams, June 17, 1775.
19) Richard Brookhiser, *George Washington on Leadership*, 2008.
20) George Washington Papers at the Library of Congress.

21) Thomas Paine, *The Common Sense.*

22) Kirkland, *Memoirs of Washington.*

23) Ibid.

24) United States Declaration of Independence.

25) George Washington Papers at the Library of Congress, 1741~1799.

26) Sparks, *The Life of George Washington.*

27) George Washington Papers at the Library of Congress, 1741~1799.

28) George Washington Parke Custis, *Recollection and Private Memoir of the Life and Character of Washington by George Washington Parke Custis, with Memoir of George Washington Parke Custis by His Daughter: Withe the Epistolary Correspondence Between washington and Custis* (ed.) Benson J. Lossing, Englewood, 1859.

29) Ibid.

30) George Washington Papers at the Library of Congress, 1741~1799.

31) Custis, *Recollection and Private Memoir.*

32) Ibid.

33) Sparks, *The Life of George Washington.*

34) Ibid.

35) David McCullough, "The Glorious Cause of America" speech at Brigham Young University, September 27. 2005.

36) Fritz Hirschfeld, *George Washington and slavery: A Documentary Portrayal*, University of Missouri Press, 1997.

37) Mac Griswold, *Washington's Gardens at Mount Vernon*, Hougton Mifflin, 1999.

38) George Washington to Catherine M. Graham, January 9, 1790.

39) W. W. Abbot, (ed.), *The Will of George Washington*, University Press of Verginia, 1999.

40) Washington's Farewell Address 1796.

41) James C. Rees, *George Washington's Leadership Lession*, Wiley and

Sons, 2007.

42) Fishman and Pederson and Rozell, (ed.), *George Washington.*

43) Washington to Israel Putnam, August 25, 1776.

44) George Washington Papers at the Library of Congress, 1741~1799.

45) Washington to James McHenry, May 29, 1797.

46) Doug Wead, *All the Presidents' Children*, Atria Books, 2003.

47) Abigail Adams to John Adams, July 16, 1775.

48) Thomas Cushing to James Bowdoin, Sr., June 21, 1775.

49) 김형곤, 『대통령의 퇴임 이후』, 살림, 2008의 내용을 다시 정리함.

50) Douglas S. Freeman, *Washington, An Abridgement by Richard Harwell of the seven-volume George Washington*, Scribner's Sons, 1968.

51) William A. DeGregorio, *The Complete Book of U.S. Presidents*, Cramercy Book, 2001.

52) John Marshall, *The Life of George Washington*, Liberty Fund, 2000.

조지 워싱턴 미국의 기틀을 만든 불멸의 리더십

펴낸날	**초판 1쇄 2009년 3월 25일**
	초판 2쇄 2013년 10월 31일

지은이	**김형곤**
펴낸이	**심만수**
펴낸곳	**(주)살림출판사**
출판등록	**1989년 11월 1일 제9-210호**

주소	**경기도 파주시 문발동 522-1**
전화	**031-955-1350** 팩스 **031-624-1356**
기획 · 편집	**031-955-4662**
홈페이지	**http://www.sallimbooks.com**
이메일	**book@sallimbooks.com**

ISBN 978-89-522-1113-2 04080

※ 값은 뒤표지에 있습니다.
※ 잘못 만들어진 책은 구입하신 서점에서 바꾸어 드립니다.

089 커피 이야기

eBook

김성윤(조선일보 기자)

커피는 일상을 영위하는 데 꼭 필요한 현대인의 생필품이 되어 버렸다. 중독성 있는 향, 마실수록 감미로운 쓴맛, 각성효과, 마음의 평화까지 제공하는 커피. 이 책에서 저자는 커피의 발견에 얽힌 이야기를 통해 그 기원을 설명한다. 커피의 문화사뿐만 아니라 커피에 대한 일반적인 정보 및 오해에 대해서도 쉽고 재미있게 소개한다.

021 색채의 상징, 색채의 심리

박영수(테마역사문화연구원 원장)

색채의 상징을 과학적으로 설명한 책. 색채의 이면에 숨어 있는 과학적 원리를 깨우쳐 주고 색채가 인간의 심리에 어떤 작용을 하는지를 여러 가지 분야의 사례를 통해 설명한다. 저자는 색에는 나름대로의 독특한 상징이 숨어 있으며, 성격에 따라 선호하는 색채도 다르다고 말한다.

001 미국의 좌파와 우파

eBook

이주영(건국대 사학과 명예교수)

진보와 보수 세력의 변천사를 통해 미국의 정치와 사회 그리고 문화가 어떻게 형성되고 변해왔는지를 추적한 책. 건국 초기의 자유방임주의가 경제위기의 상황에서 진보-좌파 세력의 득세로 이어진 과정, 민주당과 공화당의 대립과 갈등, '제2의 미국혁명'으로 일컬어지는 극우파의 성장 배경 등이 자연스럽게 서술된다.

002 미국의 정체성 10가지 코드로 미국을 말하다

eBook

김형인(한국외대 연구교수)

개인주의, 자유의 예찬, 평등주의, 법치주의, 다문화주의, 청교도 정신, 개척 정신, 실용주의, 과학 · 기술에 대한 신뢰, 미래지향성과 직설적 표현 등 10가지 코드를 통해 미국인의 정체성과 신념을 추적한 책. 미국인의 가치관과 정신이 어떠한 과정을 통해서 형성되고 변천되어 왔는지를 보여 준다.

058 중국의 문화코드

강진석(한국외대 연구교수)

중국의 핵심적인 문화코드를 통해 중국인의 과거와 현재, 문명의 형성 배경과 다양한 문화 양상을 조명한 책. 이 책은 중국인의 대표적인 기질이 어떠한 역사적 맥락에서 형성되었는지 주목한다. 또한, 구체적이고 실제적인 여러 사물과 사례를 중심으로 중국인의 사유방식에 대해 설명해 주고 있다.

057 중국의 정체성

eBook

강준영(한국외대 중국어과 교수)

중국, 중국인을 우리는 과연 어떻게 이해해야 하나? 우리 겨레의 역사와 직 · 간접적으로 끊임없이 영향을 주고받은 중국, 그러면서도 아직까지 그들의 속내를 자신 있게 말할 수 없는, 한편으로는 신비스럽고, 한편으로는 종잡을 수 없는 중국인에 대한 정체성을 명쾌하게 정리한 책.

015 오리엔탈리즘의 역사

eBook

정진농(부산대 영문과 교수)

동양인에 대한 서양인의 오만한 사고와 의식에 준엄한 항의를 했던 에드워드 사이드의 오리엔탈리즘. 이 책은 에드워드 사이드의 이론 해설에 머무르지 않고 진정한 오리엔탈리즘의 출발점과 그 과정, 그리고 현재와 미래의 조망까지 아우른다. 또한 오리엔탈리즘이 사이드가 발굴해 낸 새로운 개념이 결코 아님을 역설한다.

186 일본의 정체성

eBook

김필동(세명대 일어일문학과 교수)

일본인의 의식세계와 오늘의 일본을 만든 정신과 문화 등을 소개한 책. 일본인을 지배하는 이데올로기는 무엇이고 어떤 특징을 가지는지, 일본을 주목해야 하는 이유는 무엇인지 등이 서술된다. 일본인 행동양식의 특징과 토착적인 사상, 일본사회의 문화적 전통의 실체에 대한 분석을 통해 일본의 정체성을 체계적으로 살펴보고 있다.

261 노블레스 오블리주 세상을 비추는 기부의 역사

예종석(한양대 경영학과 교수)

프랑스어로 '높은 사회적 신분에 상응하는 도덕적 의무'를 뜻하는 노블레스 오블리주. 고대 그리스부터 현대까지 이어지고 있는 노블레스 오블리주의 역사 및 미국과 우리나라의 기부 문화를 살펴보고, 새로운 시대정신으로 노블레스 오블리주를 부활시킬 수 있는 가능성을 모색해 본다.

396 치명적인 금융위기, 왜 유독 대한민국인가 eBook

오형규(한국경제신문 논설위원)

이 책은 전 세계적인 금융 리스크의 증가 현상을 살펴보는 동시에 유달리 위기에 취약한 대한민국 경제의 문제를 진단한다. 금융안정망 구축 방안과 같은 실용적인 경제정책에서부터 개개인이 기억해야 할 대비법까지 제시해 주는 이 책을 통해 현대사회의 뉴노멀이 되어 버린 금융위기에서 살아남는 방법을 확인해 보자.

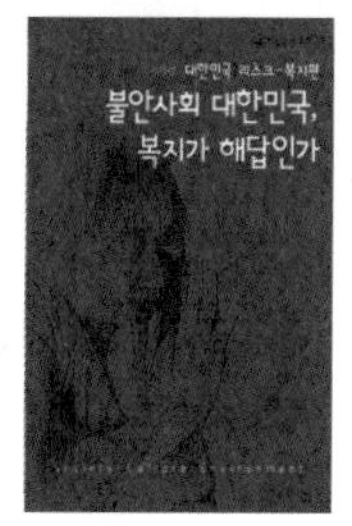

400 불안사회 대한민국, 복지가 해답인가 eBook

신광영 (중앙대 사회학과 교수)

대한민국 사회의 미래를 위해서 복지는 선택이 아니라 필수라고 말하는 책. 이를 위해 경제 위기, 사회해체, 저출산 고령화, 공동체 붕괴 등 불안사회 대한민국이 안고 있는 수많은 리스크를 진단한다. 저자는 사회적 위험에 대응하기 위한 복지 제도야말로 국민 모두의 삶의 질을 높일 수 있는 길이라는 것을 역설한다.

380 기후변화 이야기 eBook

이유진(녹색연합 기후에너지 정책위원)

이 책은 기후변화라는 위기의 시대를 살면서 우리가 알아야 할 기본지식을 소개한다. 저자는 기후변화와 관련된 핵심 쟁점들을 모두 정리하는 동시에 우리가 행동해야 할 실천적인 대안을 제시한다. 이를 통해 독자들은 기후변화 시대를 사는 우리가 무엇을 해야 할 것인지에 대하여 생각해 볼 수 있을 것이다.

㈜살림출판사
www.sallimbooks.com
주소 경기도 파주시 문발동 522-1 | 전화 031-955-1350 | 팩스 031-955-1355